우리가 지켜낸
문화재

배우자 역사 003
우리가 지켜낸 문화재

초판 1쇄 발행 | 2018년 3월 7일
초판 5쇄 발행 | 2024년 6월 6일

지은이 | 정인수
그린이 | 이선주
펴낸이 | 나힘찬

기획총괄 | 김영주
디자인총괄 | 고문화
사진출처 | 간송미술문화재단, 국립고궁박물관, 국립민속박물관, 국립중앙박물관, 국외소재문화재재단, 문화재제자리찾기, 문화재청, 삼성미술관 리움, 위키미디어 커먼즈, 한국문화재사진연구소, 한국민족문화대백과사전, 해인사
인쇄총괄 | 야진북스
유통총괄 | 북패스

펴낸곳 | 풀빛미디어
등록 | 1998년 1월 12일 제2021-000055호
주소 | (10411) 경기도 고양시 일산동구 정발산로 166번길 21-9
전화 | 031-903-0210
팩스 | 02-6455-2026
이메일 | sightman@naver.com

유튜브 | bit.ly/39lmTLT
홈페이지 | pulbitme.modoo.at
블로그 | blog.naver.com/pulbitme
트위터 | twitter.com/pulbit_media
인스타그램 | @pulbit_media_books
페이스북 | facebook.com/pulbitmedia

© 정인수, 이선주, 2018

ISBN 978-89-6734-089-6 74900
ISBN 978-89-6734-011-7 (세트)

저작권법에 따라 보호받는 저작물이므로 무단 전재와 복제를 금합니다.
책값은 뒤표지에 있습니다.
파본은 구매하신 서점에서 바꾸어 드립니다.

어린이제품 안전특별법에 의한 기타표시사항

제품명 도서 | 제조자명 풀빛미디어 | 제조년월 2024년 6월 | 사용연령 8세 이상 | 제조국명 한국
주소 (10411) 경기도 고양시 일산동구 정발산로 166번길 21-9 (마두동) | 전화번호 (02)733-0210

머리말

우리가 지킨 문화재는 어떤 것이 있을까?

"해인사를 폭파하라!"

6·25전쟁 때 미군 사령부는 우리나라 공군에, 경남 합천에 있는 해인사를 폭파하라는 명령을 내렸어요. 적군들이 해인사에 숨어있었기 때문이지요. 그러나 명령을 받은 김영환 대령은 해인사에 폭탄을 투하하지 않았어요.

그곳엔 우리 민족의 보물인 팔만대장경이 보관되어있기 때문이에요.

전쟁 시 명령을 어기면 총살형을 당할 수도 있지만, 김영환 대령은 당당하게 말하였어요.

"팔만대장경을 구하고 죽는다면 영광입니다."

문화재가 무엇이기에 목숨까지 걸고 지킨 것일까요? 문화재는 역사의 거울이라고 할만해요. 문화재를 보면 역사가 환히 보이니까요. 곧 김영환 대령은 역사를 지키기 위하여 목숨을 걸었던 것이에요.

  팔만대장경처럼 아슬아슬한 위기를 넘긴 문화재가 많아요. 조선왕조실록은 임진왜란 때 전라도 태인에 사는 선비들이 지키지 않았다면 온전하게 전해질 수가 없었지요. 또 오대산 상원사에 있는 문수동자상은 노스님이 목숨을 걸고 지키지 않았다면 6·25전쟁 때 불에 타버렸을 거예요.

  이 책은 그렇게 우리 민족이 지켜낸 문화재를 소개하는 책이에요. 어렵게 지켜내서인지 더욱 값진 문화재들이지요. 이들 문화재를 통해서 우리나라의 역사의 중요한 순간을 배울 수 있어요.

  그런데 우리 곁에는 그러한 문화재 못지않게 위기에 빠져있는 문화재도 많아요. 특히 산이나 들에 서있는 옛 건축물이나 탑 등은 늘 사라질 위험에 놓여있지요. 그런 문화재를 우리가 지켜야 해요.

  문화재를 지키는 일은 어려운 일이 아니에요. 예를 들면 문화재 주변을 깨끗하게 청소하는 것도 문화재를 지키는 일이고, 늘 관심을 두는 것도 지키는 것이에요. 『우리가 지켜낸 문화재』를 통해 역사 공부도 하고 문화재에 관한 관심도 커졌으면 해요.

정인수

머리말__우리가 지킨 문화재는 어떤 것이 있을까? — 4

1장   조선왕조실록
           조선의 역사는 누가 지켰을까? — 8
           부록: 다시 돌아온 조선의 매화 와룡매 — 24

2장   세한도
           폭탄의 소나기 속으로 들어간 사나이 — 26
           부록: 목조 문화재를 지키는 흰개미 탐지견 — 42

3장   청자상감운학문매병
           고려청자에 담은 애국심 — 44

4장   금동 미륵보살 반가사유상
           우물에서 건진 고구려 불상 — 60
           부록: 한국 문화재의 보물 창고 오쿠라 컬렉션 — 76

5장   삼국유사
           조선의 마지막 내시가 지킨 보물 — 78

6장 상원사 목조문수동자좌상
절을 태우려거든 나도 태우거라 — 96
부록: 서울을 구한 두 영웅 김용주와 해밀턴 — 113

7장 해인사 팔만대장경
빨간 마후라가 남긴 위대한 선물 — 116
부록: 빨치산 토벌대장이 흘린 뜨거운 눈물 — 131

8장 겸재정선화첩
수도원에 잠자던 전설의 그림 — 134
부록: 수월관음도를 찾아온 기업인 윤동한 — 147

9장 백지묵서 묘법연화경
돈보다 문화재를 번 개성상인 — 150
부록: 영어 참고서로 문화재를 지킨 송성문 — 167

10장 조선 왕실의 어보
응답하라, 오바마! — 170
부록: 136년 만에 돌아온 어재연 장군기 — 186

제1장
조선왕조실록
조선의 역사는 누가 지켰을까?

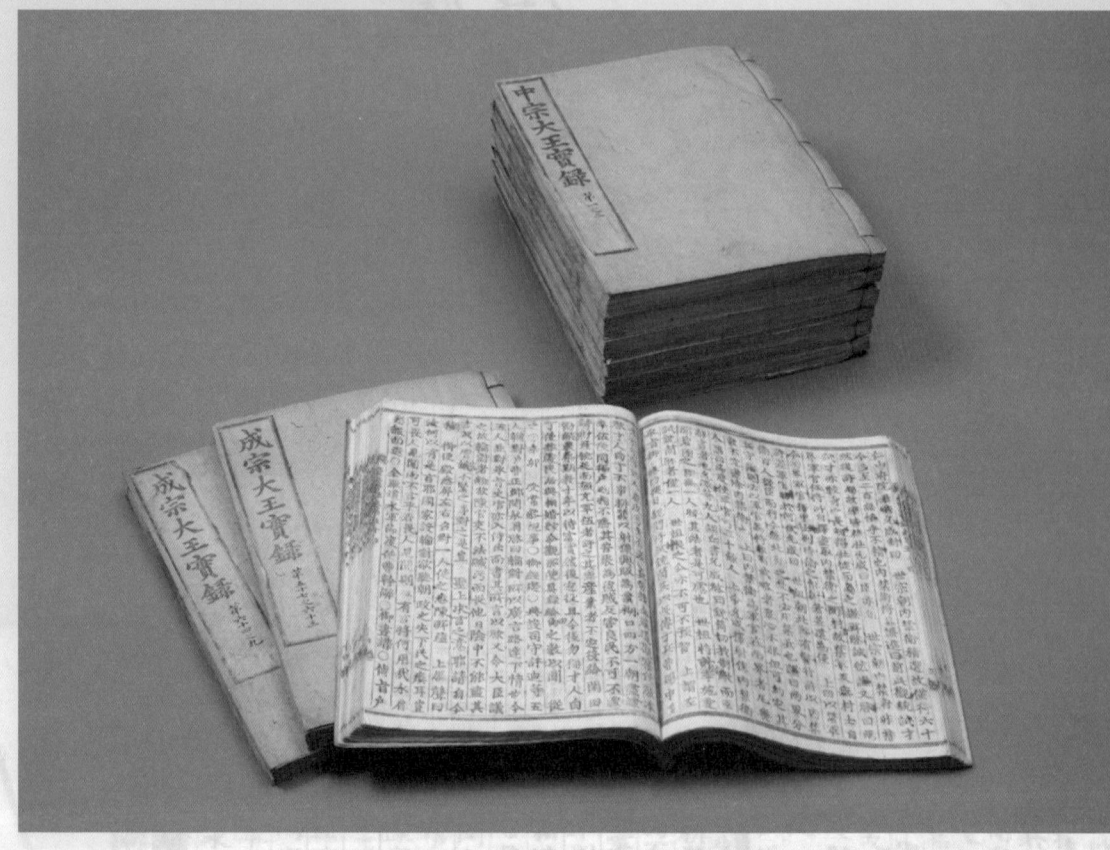

오대산사고본 성종실록과 중종실록(국립고궁박물관 소장)

조선왕조실록은 태조부터 철종까지 25대에 걸친 472년간 조선 왕조의 역사를 날짜순으로 기록한 기록물이다.

1,893권 888책으로 구성되며, 글자 수는 약 5,000만 자에 이르러 세계에서 가장 우수한 왕조 기록물로 평가된다. 1973년에 국보 제151호로 지정되었고, 1997년에는 유네스코 세계기록문화유산으로 등록되었다.

조선왕조실록 오대산사고본(태조부터 철종까지의 실록 788책)은 조선총독부에 의해 1913년 일본 동경제국대학으로 이관되었다. 하지만 1923년 간토 대지진 때 실록을 보관하던 도서관이 불에 타 실록 대부분이 소실되었다.

이때 대출 중이던 74권은 참화를 면하여 이 중 27책은 1932년 서울의 경성제국대학으로 옮겨져 광복 뒤 서울대학교에서 소장 관리하게 되었다. 나머지 47책은 광복 이후에도 여전히 동경대학교에 남아있었다.

2006년에는 '조선왕조실록 환수위원회'가 출범하면서 본격적으로 실록 환수 운동이 전개되었다. 그 결과 2006년 7월 일본에 있던 실록 47책을 93년 만에 돌려받았다.

조선왕조실록이
산으로 간 까닭은?

　임진왜란(조일전쟁)이 일어난 지 한 달여가 지난 1592년 6월 초, 전주 경기전에서는 대책 회의가 열렸어요.
　"왜놈들이 금산까지 쳐들어왔다오. 이를 어찌하면 좋겠소?"
　전라 감사 이광은 침통한 얼굴로 말하였어요.
　왜군들이 곧 전주성으로 몰려올 텐데 조선왕조실록을 안전하게 지킬 뾰족한 수가 보이지 않았어요.
　"마루 밑을 파고 묻읍시다."
　전주 부윤 이정복이 제안하였어요.
　"그랬다가는 성주사고 꼴 날 거요. 며칠 전 잡힌 왜놈이 실록 두 장을 갖고 있었다오."

사고(史庫)는 조선왕조실록을 보관하는 건물이에요. 임진왜란 당시 한양과 충주, 성주 그리고 전주에 각각 있었어요. 그중 성주사고가 이미 왜군이 지른 불에 타 소실된 것이었어요.

"깊은 산속에 감추는 게 어떨까요?"

"그것 좋겠군."

전라 감사는 참봉 오희길에게 좋은 장소를 찾아보라고 명하였어요. 회의가 끝나자 오희길은 몇 군데 알아보고 전라 감사에게 보고하였어요.

"정읍 내장산에 은봉암이라는 암자가 있는데 가는 길도 험하고 높은 곳에 있으니 적당합니다."

"그래? 서둘러 실록을 옮기게. 참, 태조 대왕 어진도 함께."

경기전에는 조선 첫 임금 태조의 초상화도 보관되어있었어요.

"하지만 여기에서 내장산까지 저 많은 책을 어떻게 옮깁니까? 모두 피난을 간다고 난리인데요."

오희길은 어두운 얼굴로 말하였어요. 사고 안에는 조선왕조실록만 800여 권이 있었고, 『고려사』와 『고려사절요』와 같은 옛 역사책도 많았어요.

"그렇지! 큰일이로구나. 옮길 사람을 찾아봅시다."

그 소식은 얼마 뒤 인근 고을에까지 알려졌어요. 태인에 사는 선비 안의와 손홍록은 소식을 듣고 마을 사람들을 불러 모았어요.

"전주성에서 조선왕조실록을 옮길 사람을 구한다 하오. 우리가 나섭시다."

"모두 늙은이뿐인데, 우리가 어떻게 그 많은 책을 옮기겠습니까?"

젊은 장정은 모두 의병으로 나가 고을에는 노인과 여자, 아이밖에 없었어요. 안의도 이미 64세, 손홍록 역시 56세였어요.

"그것이 무슨 말인가? 지금 우리의 역사책이 왜놈들 손에 없어지게 생겼는데, 우리가 보고만 있을 수 있는가?"

안의는 호통을 쳤어요. 안의와 손홍록의 설득으로 결국 실록을 옮기기로 하고 전주성을 찾아갔어요.

"하늘이 돕는구나."

전라 감사는 두 선비를 칭찬하고 실록을 옮기라고 명하였어요. 사고에서 책을 꺼내니 실록만 47궤짝이나 되었고, 나머지는 15궤짝이었어요. 안의와 손홍록의 주도로 실록을 말과 지게에 싣고 태조 어진도 챙겨서 내장산으로 향하였어요.

"자네와 내가 남아서 지키세."

실록을 은봉암에 다 옮긴 뒤 안의와 손홍록은 그곳에 남아 교대로 지키기로 하였어요.

그 뒤 전주성이 왜군들에게 함락되자 실록을 다시 더 높은 곳에 있는 비래암으로 옮겼어요. 두 선비는 빛 하나 들어오지 않는 깊은 동굴 속에서 1년 동안 실록을 지켰어요. 1년이 지나 전쟁이 다소 잠잠해지자 실록을 다시 충청도 아산행궁으로 옮겼어요.

"안의와 손홍록에게 별제를 하사하노라."

나라에서는 실록을 지키는 데 앞장선 두 선비에게 종6품의 벼슬을 내렸어요.

"벼슬을 원하여 이 일을 한 것이 아닙니다."

두 선비는 벼슬을 사양하였어요.

안전한 곳으로 실록을 옮겼으니 집으로 돌아가도 되었지만, 그들은 계속 지키기로 하였어요. 얼마 뒤 전쟁이 다시 치열해지면서 실록을 강화도로 옮기게 되었어요. 그러나 안의는 이미 병이 들어 몸이 쇠약해져 있었어요.

"뒷일은 자네에게 부탁하네."

안의는 손홍록에게 작별 인사를 하고 집으로 돌아갔어요. 그는 며칠 뒤 숨을 거두었어요.

손홍록은 강화도에서 다시 묘향산으로 실록을 옮겨야 했어요. 마침내 1597년 전쟁이 끝났을 때, 조선에는 오직 두 선비가 지킨 실록만 남아있었어요.

"전주사고 실록을 토대로 다시 편찬하라."

선조 임금은 실록을 다시 편찬하라고 명하였고, 그로써 조선의 역사는 다시 이어졌어요.

새로 편찬된 실록은 마니산과 태백산, 오대산, 묘향산 등 높은 산과 한양 춘추관에 각각 보관되었어요. 실록을 높은 산에 둔 것은 함부로 보거나 수정하지 못하게 하려 함인데, 바로 안의와 손홍록 두 선비가 실록을 안전하게 지켜낸 것을 참고한 것이에요.

  이후 1624년 '이괄의 난' 때 춘추관 실록은 화재로 없어졌고, 1636년 병자호란(조청전쟁) 때에는 마니산 실록이 크게 훼손되었어요. 묘향산 실록은 오랑캐의 침입에 대비하여 무주 적상산으로 옮겨졌고, 훼손된 마니산 실록은 보완하여 인근 정족산으로 옮겼어요.

> 용어 풀이

태조 어진(어진박물관 소장)

태조 어진은 안의와 손홍록이 조선왕조실록과 함께 지킨 문화재이다. 경기전 말고도 한양 경복궁의 선원전과 영흥, 개성, 경주 등에 보관되어있었지만, 임진왜란 때 경기전 이외의 것들은 모두 소실되었다.

조선 시대에는 임금마다 어진이 그려졌지만, 오늘날 전해지는 것은 태조와 영조, 철종, 고종, 순종의 어진뿐이다.
그나마 영조 어진은 반신상이고 철종 어진은 절반이 불에 탄 상태이다. 또 고종과 순종 어진은 일제강점기 때의 것이니 태조 어진만이 완벽한 어진이라고 할 수 있다.

현재의 태조 어진은 1872년에 조중묵이 다시 모사한 것으로 전주 경기전 내 어진박물관에 보관되어있으며, 국보 317호로 지정되었다.

어진(御眞)

임금의 얼굴 그림이나 사진.

일제가 빼돌린 조선왕조실록
훔친 것 돌려주며 기증한다?

"이렇게 좋은 자료를 왜 높은 산 속에 둔 거야?"

일제강점기 때 조선총독부는 산에 있던 조선왕조실록을 산 아래로 옮겼어요. 정족산과 태백산 실록은 조선총독부로, 적상산 실록은 구황실 장서각으로 옮겼어요.

조선왕조실록을 살펴본 한 관리가 총독에게 말하였어요.

"이 기회에 아예 일본으로 가져가는 게 어떻습니까?"

우리나라를 식민지로 지배하는 데에 연구 자료로 쓰려는 생각이에요. 이에 일제는 오대산 실록을 일본 도쿄제국대학으로 빼돌렸어요.

그런데 1923년 일본에 간토 대지진이 나는 바람에 실록이 땅속으로 사라지고 말았고, 다만 외부에 대출되었던 것이라며 27책만 조선으로 도로 가져왔어요. 하지만 1980년대에 도쿄대학교(도쿄제국대학의 바뀐 이름) 도서관에서 47책이 더 발견되어 실록을 일부러 숨겼음이 드러났어요.

"조선왕조실록을 반환하라!"

우리나라 시민 단체와 정치인, 불교계에서 실록의 반환을 요구하였어요. 그리하여 마침내 2006년 5월 조선왕조실록이 서울대학교로 돌아오게 되었어요. 그런데 이상했어요.

"조선왕조실록을 서울대학교에 기증합니다."

일본 측은 반환이 아니라 기증이라고 표현한 거예요. 기증은 내 것을 남에게 주는 것이니 자신들이 실록을 훔쳐간 것이 아니라는 뜻이지요. 여기에는 사연이 있어요.

"8억 달러를 받는 대신 모든 청구권을 포기한다."

1965년 한일협정을 맺을 때 넣은 조항 때문이었어요. 전쟁 피해국인 우리가 가해국인 일본에 돈을 받고 여러 가지 청구권을 포기하는 것으로 마무리한 것이에요. 이 때문에 오늘날까지도 일본에 있는 많은 우리 문화재를 돌려받지 못하고 있고, 일본군 '위안부' 할머니 문제도 공식적으로 사과를 받지 못하고 있어요.

그렇게 오대산 실록은 대부분 소실되었고, 구황실 장서각으로 옮겼던 적상산 실록은 6·25전쟁 때 북한이 가져갔어요. 오늘날 남은 것은 조선총독부에 있던 정족산 실록과 태백산 실록뿐이에요. 그중 정족산 실록이 바로 안의와 손홍록 두 선비가 목숨을 걸고 지킨 전주사고 실록이에요. 정족산 실록은 서울대학교 규장각에, 태백산 실록은 부산 정부기록보존소에 각각 보관되어있어요.

용어 풀이

구황실
대한 제국 때 황제 집안.

한일협정
1965년 6월 22일, 한국과 일본이 다시 국교를 맺은 협정이다. 해방 이후 한국과 일본 사이에 다시 국교를 맺는 문제가 논의되었지만, 한국의 사과 요구와 배상 요구를 일본이 거절하여 협상의 진전이 없었다.
그러던 중 5·16 군사 정변으로 정권을 잡은 박정희 정부는 이를 적극적으로 추진해 1965년 한국과 일본이 국교를 맺었다.
당시 협상에서 한국은 일본으로부터 총 8억 달러를 경제협력자금으로 받았지만, 과거에 대한 사과, 문화재 반환, 개인 배상 청구권 등을 포기했다.
이는 한국에 매우 불리한 협상으로 당시 국내에 큰 반발이 있었고, 지금까지도 일제강점하 피해자 보상, 일본군 성노예 보상 등을 받기 어렵게 하는 원인이 되었다.

국보이자 유네스코 세계기록문화유산
세계 최고의 왕조 기록물

조선왕조실록은 1대 왕 태조부터 25대 왕 철종까지 472년간의 기록이에요. 철종의 뒤를 잇는 고종과 순종은 기록이 남아있긴 하나 실록에는 넣지 않아요. 일제가 왜곡한 거짓 기록이 많기 때문이에요. 그리고 연산군과 광해군은 일기라고 하는데, 두 임금 모두 폭군으로 왕위에서 쫓겨난 까닭에 실록이라는 명칭을 붙이지 않아요.

총 권수는 1,893권 888책이에요. 여기에서 권이란 요즘으로 치면 주제를 나누는 장을 뜻하고, 책은 묶음을 뜻해요. 곧 조선왕조실록은 1,893장

으로 구성된 888권의 책(요즘의 기준으로)을 말해요.

"나는 조선왕조실록을 몰라. 한 번도 읽은 적이 없어서……."라고 말하는 사람이 많아요. 그러나 꼭 그렇지만은 않아요. 우리는 이미 여러 역사책이나 텔레비전 사극, 영화 등에서 조선왕조실록을 간접적으로 자주 보고 있으니까요.

사극이나 영화를 보면 아주 세세한 부분이 나오기도 해서 과연 사실일까 하는 생각도 들 거예요. 작가가 재미를 위하여 꾸민 것도 많지만, 사실에 기초를 둔 내용도 많아요. 이는 실록이 세밀하게 기록되었음을 뜻해요. 오죽하면 졸졸 따라다니며 기록하는 사관에게 어느 임금은 "제발 그만 따라다니게. 귀찮게 하면 사약을 내릴 거야!"라며 화를 냈다고 해요. 그런데도 그 사관은 섬돌 밑이나 탁자 밑에 기어들어 가 임금이 무엇을 하고 무슨 말을 하나 귀를 쫑긋 세웠대요.

역사는 당대 권력자가 누구인가, 그리고 사관이 누구인가에 따라 다르게 쓰여요. 그러나 조선왕조실록은 비교적 공정하게 기록되었어요. 임금 앞에서도 자기 뜻을 굽히지 않는 사관이 많았거든요. 세종대왕 때의 사관이 대표적이에요.

세종대왕이 부왕인 태종의 실록이 궁금해 사관을 불렀어요.

"짐이 사초를 조금만 보면 안 되겠느냐?"

사초는 실록의 원고 자료를 말해요. 이에 사관이 대답하였어요.

"아니 되옵니다. 임금이 사초를 보면 역사를 왜곡할 수가 있사옵니다."

국보 제151호 조선왕조실록은 1997년에 유네스코 지정 세계기록문화유산으로 등록되었어요. 500년 한 왕조의 역사를 이토록 세밀하게 기록한 것은 세계에서 유일해요. 이렇게 우리가 세계 최고의 왕조 기록물을 갖게 된 것은 평범한 시골 선비 안의와 손홍록 덕분이지요.

용어 풀이

부왕(父王)
왕자나 공주가 자기의 아버지인 임금을 이르던 말. 또는 다른 사람이 왕자나 공주의 처지에서 아버지인 임금을 이르던 말.

더 깊이 생각해봅시다

① 안의와 손흥록이 조선왕조실록을 지키지 않았다면 무엇이 달라졌을까요?

② 조선왕조실록이 유네스코 세계기록문화유산으로 등록된 이유는 무엇일까요?

③ 역사 드라마는 실제 역사와 다르게 왜곡하는 부분이 많습니다. 등장인물의 업적을 바꾸기도 하고, 당시의 생활 모습을 요즘처럼 꾸미기도 합니다. 역사 드라마는 역사를 왜곡해도 괜찮은 걸까요?

다시 돌아온 조선의 매화
와룡매

"그것참 곱게 피었구나."

임진왜란 때 한양을 점령한 왜장 다테 마사무네는 창덕궁에서 한 매화나무를 보고 흠뻑 반하였어요. 치열한 전쟁을 잠시 잊게 할 정도로 연분홍 꽃이 활짝 피어있었어요.

"저것을 뽑아라!"

그는 매화나무를 뽑아 일본으로 보냈어요. 이 나무는 토종 매화나무 중에서, 크게 성장하면 용이 기어가는 모습을 해서 '와룡매(臥龍梅)'라는 이름이 붙은 종이에요.

창덕궁에 있던 매화는 즈이간지라는 절 본당 앞에 심었고, 400여 년을 꿋꿋하게 자라 즈이간지의 명물이 되었어요.

즈이간지 129대 주지에 오른 히라노 소죠는 매화나무를 볼 때마다 양심의 가책을 느꼈어요. 지난날 많은 조선인을 죽이고 조선에서 훔쳐온 나무라는 걸 알았기 때문이에요.

오랫동안 고민한 그는 결국 나무의 가지를 잘라 작은 매화나무로 키워냈고, 1999년 3월 26일 안중근 의사 순국 89주기를 맞아 한국으로 보냈어요.

안중근 의사 기념관 중앙홀, 안중근 의사 좌상

안중근 의사는 침략의 원흉인 이토 히로부미를 하얼빈역에서 1909년 10월 26일 사살한 독립투사예요.

"일본이 조선을 침략해 많은 사람을 죽인 데 대한 참회의 뜻으로 보냅니다."

즈이간지 주지가 보낸 매화나무는 서울 남산의 안중근 의사 기념관 앞에 심었어요. 남산 매화나무는 조선과 일본, 한국으로 이어지는 기구한 인연을 간직하고 있답니다.

제2장
세한도
폭탄의 소나기 속으로 들어간 사나이

세한도(국립중앙박물관 관리)

歲寒然後知松柏之後凋 세한연후지송백지후조
겨울이 되어서야 소나무와 잣나무가 시들지 않는다는 것을 알게 된다. (『논어』자한 편)

김정희가 제주 유배 생활 중 그린 문인화로 그의 최고 걸작으로 손꼽힌다. 소재도 단순하고 구도도 간단하지만, 조선 선비의 높은 정신세계를 잘 표현한 작품이다. 자신에게 책을 보내준 이상적에게 답례로 그려준 그림으로 이상적의 변함없는 의리를 소나무와 잣나무에 비유하였다. 종이 바탕에 그린 수묵화로 크기는 가로 69.2cm, 세로 23cm이다. 국보 180호.

죽음을 무릅쓰고
국보를 찾아왔노라

"정말 대단해!"

후지즈카 치카시는 경매에 나온 그림을 보고 침을 꿀꺽 삼켰어요. 1926년 경성제국대학 교수로 부임한 뒤 그는 조선의 서화에 푹 빠져있었어요.

"안 되겠어. 저것은 꼭 손에 넣어야 해."

후지즈카는 경매에 뛰어들었고, 대학교수 봉급으로는 사기 어려운 그 그림을 사들였어요. 조선 최고의 명필이자 화가 김정희의 세한도(歲寒圖)는 그렇게 후지즈카의 손에 들어갔어요.

후지즈카는 그 뒤로 김정희의 작품이 있는 곳이라면 어디든지 달려갔고 편지와 같은 하찮은 것까지도 사들였어요. 그가 얼마나 김정희에게 빠져

있었는지는 박사 학위를 김정희 연구로 받은 것을 보면 알 수 있어요.

일제강점기 시절 후지즈카와 같은 일본인들은 우리나라 문화재가 우수하다는 것을 알았어요.

우리나라는 남의 무덤을 파는 일을 나쁜 일이라 생각했지만, 몇몇 일본인은 그렇게 생각하지 않았어요. 그들은 뛰어난 문화재를 공으로 얻으려고 허락받지 않고 남의 무덤을 팠고, 부장품인 고려청자를 마구 훔쳐갔어요.

당시 우리나라 사람들은 고려청자나 조선백자는 그릇일 뿐이었고, 옛 글씨나 그림도 벽지나 불쏘시개로 쓰기도 했어요. 그것이 뛰어난 문화재라는 것을 알았을 때는 이미 일본인들이 좋은 것은 다 가져간 뒤였어요.

문화재의 중요성을 뒤늦게나마 깨달은 사람 중에 손재형이 있었어요. 1902년 진도의 갑부 집안에서 태어난 그는 서예가로 유명하였는데, 서예라는 말도 그가 만들었어요. 글씨에 관심이 많아 자연 김정희 작품을 모으게 되었고, 후지즈카가 세한도를 소유하고 있다는 사실도 알게 되었어요.

'세한도가 없으면 안 돼.'

손재형의 꿈은 고미술품 전문 박물관을 세우는 것이었어요. 김정희의 세한도는 고미술품 전문 박물관에 꼭 필요한 작품이라는 생각이 들자 그는 후지즈카를 찾아갔어요.

"돈은 원하는 대로 드릴 테니 세한도를 제게 넘겨주십시오."

"뭐요? 난 평생을 김정희 선생 작품을 연구하면서 살아왔소. 박사가 된 것도 그 때문이고요. 한데 김정희 선생의 대표작인 세한도를 달라고?"

후지즈카는 단박에 거절하였어요. 손재형은 일단 물러섰어요.

"반드시 죽기 전에는 찾아올 것이야."

1944년 후지즈카는 일본으로 돌아갔어요. 물론 세한도를 비롯해 그가 모은 것을 모두 가져갔어요.

"지금 찾아오지 못하면 영원히 볼 수 없을 것이다."

손재형은 각오를 단단히 다지고 후지즈카 치카시를 찾아 일본으로 건너갔어요. 제2차 세계대전이 한창이라서 도쿄 거리는 매일같이 폭탄이 떨어지고 있었어요. 소나기처럼 떨어지는 폭탄 숲을 뚫고 손재형은 마침내 후지즈카의 집을 찾았어요. 후지즈카는 병으로 침대에 누워있었어요.

"건강하셔야죠."

손재형은 그 말 이외에는 아무 말도 하지 않았어요. 다음 날도, 그다음 날도 마찬가지였어요.

"그만 돌아가시오. 여긴 위험하오. 폭탄에 죽을 게 무섭지도 않소?"

후지즈카는 일주일 만에 입을 열었어요.

"세한도를 주십시오. 당신이 아무리 아낀다 해도 조선의 문화재입니다."

손재형이 처음으로 찾아온 목적을 말하였어요.

"안 되오. 그것은 내 목숨이나 마찬가지요."

손재형은 다음 날 또 찾아갔고, 그렇게 석 달 동안 매일 찾아갔어요. 그

러던 어느 날 마침내 후지즈카가 말하였어요.

"내가 졌소이다. 당신이라면 잘 보관할 것 같군요. 가져가시오."

후지즈카는 아무 대가도 받지 않고 세한도를 내주었어요.

그렇게 손재형은 세한도를 품에 안고 귀국하였어요.

석 달이 지난 뒤 후지즈카의 연구실에 폭탄이 떨어져 서적과 서화 자료들이 불에 타고 말았다는 소식이 전해졌어요. 만일 손재형이 가져오지 않았다면 세한도는 영영 사라졌을지도 몰라요.

"죽음을 무릅쓰고 국보를 찾아왔노라."

독립운동가 오세창은 손재형에게 찬사를 보냈어요.

세한도에 담긴 이야기
1m 그림이 14m로 길어진 까닭은?

"에게? 이게 뭐야?"

세한도를 처음 보면 그렇게 말할지도 몰라요. 소나무와 잣나무 몇 그루, 그리고 그리다 만 것 같은 오막살이 한 채가 전부예요. 하지만 그 속에는 조선 선비의 고고한 정신이 깃들어있어요.

김정희는 왕실 친인척으로 병조판서까지 올랐다가 안동 김씨의 세도정치에 밀려 제주도로 귀양을 갔어요. 대정읍에 마련된 그의 집 주변은 가시울타리로 에워싸 아무도 출입할 수 없게 하였어요. 이를 위리안치(圍籬安置)라고 해요.

하지만 가시울타리로 그의 글씨와 학문까지 막을 수는 없었어요. 화가 허유는 두 번이나 찾아와 김정희에게 그림과 글씨를 배웠고, 역관 이상적은 중국에서 귀한 책을 구해 보내주었어요. 특히 이상적이 보내준 책은 김정희가 학문을 향상하는 데 큰 도움이 되었어요. 그 보답으로 그려준 것이 바로 세한도예요.

　날씨가 차가워진 뒤에야 소나무와 잣나무만이 홀로 시들지 않는다는 것을 안다.

　김정희는 그림 한구석에 고마움을 표하였어요. 진정한 사람은 어려울 때 드러난다는 뜻이에요. 세한도라는 그림 이름은 '날씨가 차가워진[歲寒]'에서 따온 것이에요.
"이 그림 어떻습니까?"
이상적은 세한도를 들고 다니며 사람들에게 보여주었어요. 그중에는 찬양하는 시를 남긴 이가 많은데, 이상적이 그 시를 받아 세한도 끝에 붙였어요. 중국에서만 열여섯 명의 인사가 글을 지어주니 세한도는 옆으로 계속 늘어나 총 길이가 14m나 되어요. 본래의 그림 크기는 세로 23.3cm 가로 69.2cm이에요.
이러한 세한도가 후지즈카의 손에 들어가기까지는 여러 단계를 거쳤어요. 이상적이 제자 김병선에게 주었고, 김병선은 아들 김준학에게 물려주었어요. 이후 평양 감사 민영휘를 거쳐 그의 아들 민규식에게로 이어졌고, 민규식이 일제강점기 때 경매에 내놓은 것을 후지즈카가 사들였던 것이에요.

세한도를 구해온 손재형은 해방 뒤 정치에 뛰어들어 국회의원이 되었어요. 하지만 당시 정치를 하려면 돈이 많이 들었어요. 그는 돈이 필요할 때마다 수집품을 하나둘 맡기고 돈을 빌렸으며, 훗날 빌린 돈을 못 갚게 되어 많은 유물이 다른 사람의 손에 넘어갔어요. 세한도는 손세기라는 사람에게 인도되어 오늘날까지 그의 집안에서 소장하고 있어요.

세한도는 국립중앙박물관에 전시되어있는데, 이는 소유자가 맡겨놓은 것이에요. 개인 소유이지만 누구나 볼 수 있어서 다행이에요.

이렇듯 김정희의 최고 걸작을 우리가 구경할 수 있는 것은 폭탄이 빗발치듯 떨어지는 도쿄에서 석 달 동안 끈질기게 버틴 손재형의 노력 덕분이지요.

용어 풀이

병조판서(兵曹判書)
조선 시대, 병조의 으뜸 벼슬. 품계는 정2품으로, 군사와 국방에 관한 일을 총괄하였다.

세도정치(勢道政治)
왕실의 가까운 친척이나 신하가 강력한 권세를 잡고 온갖 정사(政事)를 마음대로 하는 정치. 조선 정조 때 홍국영에서 비롯하여 순조·헌종·철종의 3대 60여 년 동안 왕의 외척인 안동 김씨, 풍양 조씨 가문에 의하여 이루어졌다.

후지즈카 아들의 기증
죽은 손재형, 산 일본인을 움직이다

 2006년 경기도 과천문화원에서 추사 학술 대회를 개최하였어요. 추사는 김정희의 호예요. 그에 앞서 문화원장이 일본의 후지즈카 집안을 방문하였어요. 후지즈카 집안이 김정희 자료를 가장 많이 갖고 있어서 협조를 얻으러 간 것이에요.

 후지즈카 치카시의 아들 후지즈카 아키나오가 문화원장을 맞았어요.

 "추사 선생을 기리는 학술 대회를 여는데, 참석하실 수 있나요?"

 과천문화원에서 후지즈카 후손을 초대한다는 뜻을 전하였어요.

 "잘 오셨소. 저기 있는 것을 모두 가져가세요."

 아키나오는 서재를 가리켰어요. 서재에는 김정희의 서화는 물론 실학자 박제가의 글씨 등 옛 유물과 후지즈카 치카시가 연구하던 원고, 사진

등 1만 점이 넘는 자료가 가득 차 있었어요.

"얼마 전 도쿄대학교에서도 기증해달라고 하였지만 기증하지 않았습니다. 먼지 속에 묻히는 것보다는 한국인이 계속 연구하는 것이 낫겠다는 생각에 한국으로 돌려주려고요. 그리고……."

아키나오는 계속 말하였어요.

"내가 아직 살아있는 것은 부친이 남긴 자료를 처리하지 못하였기 때문입니다. 이제 부친의 자료가 한국으로 돌아가게 되었으니 죽어도 여한이 없습니다."

손재형이 일본에 갔을 때 아키나오는 후지즈카 치카시를 병간호하고 있었어요. 아키나오는 그때 손재형이 끈질긴 집념으로 부친에게서 세한도를 받아가는 것을 보았어요. 그 기억 때문에 김정희 자료를 도쿄대학교에 기증하지 않고 우리나라로 보낸 것이에요. 죽은 손재형이 산 아키나오를 움직였어요.

아키나오는 문화재청의 건의로 우리나라 문화훈장을 받았고, 두 달 뒤 94세의 나이로 숨을 거두었어요.

인물 설명

북한산 신라 진흥왕 순수비 (국립중앙박물관 소장)

6세기 중엽 신라는 대외적으로 크게 세력을 확장했다. 진흥왕(眞興王, 재위 540~576)은 새로 확보한 영토를 돌아보며, 여러 곳에 비를 세웠다. 북한산 신라 진흥왕 순수비는 그 가운데 하나이다. 553년 신라는 백제로부터 한강 하류 지방을 빼앗아 신주(新州)를 설치하였고, 555년 10월에 진흥왕이 이 지역을 돌아보았는데, 이를 기념하여 지금의 서울 종로구 구기동 북한산 비봉에 비를 세운 것이다. 조선 시대에 이 비가 무학대사의 비로 알려져 있었는데, 1816년 금석학자 김정희(金正喜)가 이 비를 조사한 뒤에 진흥왕 순수비임을 밝혀내고, 그 내용을 비 왼쪽면에 기록해놓았다.

김정희 (1786~1856, 호는 추사, 완당 등)

조선 최고의 명필이자 실학자이다. 특히 자신만의 독특한 서체인 추사체로 유명하며, 북한산 신라 진흥왕 순수비 등을 밝혀낸 금석학자로도 널리 알려져 있다. 제주도 유배 생활을 할 때 학문과 예술을 더욱 갈고닦았는데 이때 추사체도 완성하고 세한도도 그렸다. 또 가족 등에게 한글로 쓴 편지도 많이 남겼다.

더 깊이 생각해봅시다

❶ 세한도는 추사 김정희가 귀양 시절에 그렸습니다. 제자 이상적이 북경에서 귀한 서책 황조경문세문편(120권 79책)을 구해와 유배지인 제주도까지 가져다준 것에 감명해 그려준 그림입니다. 김정희는 세한도를 통해 어떤 마음을 표현한 것일까요?

❷ 문인화는 전문적인 직업 화가가 아닌 시인, 학자 등의 사대부 계층 사람이 취미로 그린 그림을 말합니다. 문인화인 세한도는 원근법도 맞지 않으며, 잘 그렸다고 볼 수는 없는 그림입니다. 그런데도 세한도가 유명한 이유는 무엇일까요?

❸ 외국으로 유출된 문화재를 돌려받기란 매우 어려운 일입니다. 일본인 후지즈카 아키나오가 아버지에게 물려받은 김정희 관련 유물을 조건 없이 한국에 모두 기증한 이유를 생각해봅시다.

부록

목조 문화재를 지키는 흰개미 탐지견

개가 마약을 찾아내거나 지뢰를 탐지해내는 것은 잘 알려져 있어요. 그런데 문화재를 지키는 개도 있어요. 바로 흰개미 탐지견이에요.

흰개미는 나무를 갉아먹고 사는데, 목조 건물은 기둥 안쪽부터 파먹어 발견하기가 쉽지가 않아요. 기둥 안에 무엇이 있는지 뚫어보기 전에는 찾기 어

흰개미 탐지견 보배와 보람

렵죠. 그런데 흰개미 탐지견은 한 치의 오차도 없이 흰개미를 척척 찾아내지요. 뛰어난 후각으로 흰개미가 내뿜는 페로몬이라는 물질을 찾기 때문이에요. 탐지견이 흰개미 서식처를 찾아내면 문화재청에서 내시경 카메라와 탐지기 등으로 상태를 파악하고 방충 작업을 해요.

공식적인 흰개미 탐지견 보배와 보람이는 7년간 198개소 문화재에서 3,000개 이상 흰개미 흔적을 찾아내 2009년 문화재청으로부터 상까지 받았어요. 또 이들은 흰개미의 이동 경로도 파악하여 흰개미가 목조 문화재에 접근하는 통로를 차단하는 데에도 중요한 노릇을 하였어요.

2016년 5월 보배와 보람이는 명예 은퇴하고 다른 탐지견 세 마리가 활동하고 있어요. 고궁 등지로 놀러 갔다가 탐지견을 보면 "이런 곳에 웬 강아지야?"라고 하지 말고 격려해주기 바랍니다.

제3장
청자상감운학문매병
고려청자에 담은 애국심

청자상감운학문매병(간송미술관 소장)
우리나라를 대표하는 고려청자로 13세기 초 제작되었다. 풍요로우면서도 유연한 곡선, 상감으로
처리한 구름과 날아가는 듯 역동적인 학이 매우 우아하다.
부안 유천리 요지(사적 제69호)에서 만든 것으로 추정되며, 크기는 높이 41.7cm, 밑지름 17.1cm이다.
국보 제68호.

청자상감운학문매병
문화재를 지키는 것이 곧 독립운동

"이러다가는 영영 독립할 수 없을지도 몰라."

오세창은 나라의 앞날이 걱정되었어요. 우리 민족의 3·1운동으로 크게 당황한 일제가 문화 정책을 펴며 조선의 역사와 문화를 변질, 왜곡하고 있었어요. 특히 우리나라의 문화를 연구한다며 많은 문화재를 가져가고 멀쩡한 옛 무덤을 마구 파헤쳤어요.

"우리 문화재를 지켜야 하네. 그것은 또 다른 독립운동이야."

그는 젊은이들에게 강조하였어요.

오세창의 말에 감명을 받은 젊은이 중에는 조선 최고의 갑부 전형필이 있었어요. 엄청난 재산을 물려받은 그는 일본 와세다 대학에서 유학하고 돌아온 뒤 본격적으로 골동품을 수집하였어요.

그가 골동품을 수집하는 기준은 보통 수집가와는 달랐어요. 가격보다 그 유물이 일본인에게 넘어가지 않게 하는 것이 우선이었어요. 중개인을 일본인으로 둔 것도 그들이 어떤 문화재를 사는지 알아내기 위해서였어요.

"고려청자가 나타났는데 지금껏 본 적이 없는 명품이랍니다."

1935년 어느 날 중개인이 정보를 알려주었어요.

"한번 보자고 해주세요."

중개인은 그 고려청자를 수집한 골동품상에게 달려갔어요.

"난 조선총독부에서 1만 원 준다는 것도 거절했다오."

골동품상 주인 마에다는 으름장부터 놓았어요. 1만 원이라면 당시 기와집 다섯 채를 살 수 있었으니 웬만하면 사들일 생각을 하지 말라는 말이었어요.

"그래도 한번 만나보세요. 전 선생은 다를 겁니다."

중개인은 거래를 성사시키는 것이 목적이었어요. 소개비를 챙겨야 하기 때문이에요.

그 말에 마에다는 고려청자를 싸 들고 전형필을 찾아갔어요.

"지금 볼 수 있겠소?"

전형필의 말에 마에다는 고려청자를 탁자 위에 올려놓았어요. 순간 전형필의 눈은 가늘어지고 눈썹은 치켜 올라갔어요. 마치 푸른 치마를 입은 미인인 듯, 수많은 학이 날아다니는 듯 기품 있는 청자였어요.

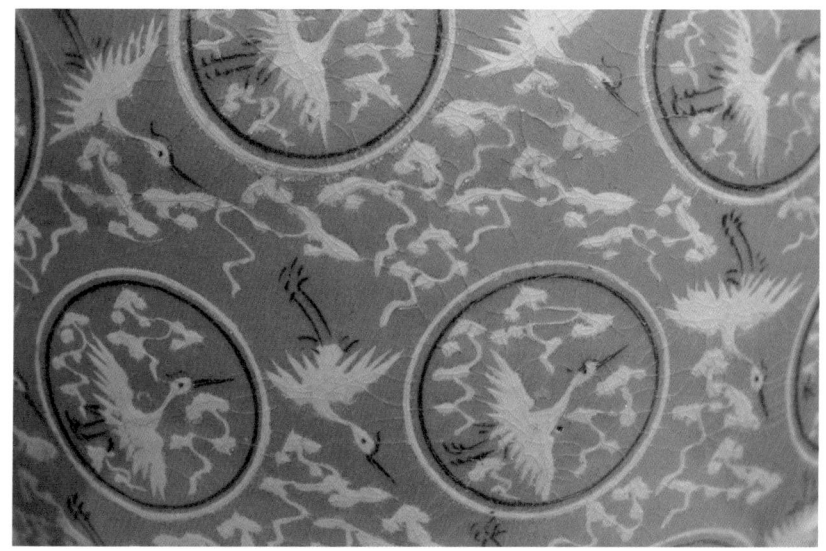

청자상감운학문매병의 일부분
청자상감운학문매병(청자 상감 구름 학 무늬 매병)에 있는 학 무늬는 두 종류이다. 원 안의 학은 하늘을 향하여 날아가는 모습이고, 원 바깥의 학은 아래쪽을 향하여 내려가는 모습이다. 학을 뺀 나머지 부분에는 구름 무늬로 장식하였다. 학의 시선을 아래위로 각각 다르게 표현한 것은 매우 기발한 생각으로, 도자기 위라는 제약을 넘어 사방으로 공간을 넓혀준다. 고려 도자기의 우수함과 고려인의 창의력이 엿보이는 문화재이다.

전형필은 중개인을 향하여 고개를 두 번 천천히 끄덕였어요. 산다는 뜻이에요.

"얼마에 파시겠습니까?"

중개인이 묻자 마에다는 잠깐 생각에 빠졌어요. 겨우 서른 살 정도밖에 안 되어 보이는 전형필이 정말로 살지 몰랐기 때문이에요. 잠시 뒤 그는 입을 열었어요.

"2만 원 주십시오."

순간 중개인은 앗, 하고 놀랐어요. 마에다가 산 금액은 4천 원이고, 조선총독부가 제시한 것은 1만 원인데 너무 비싸게 불렀기 때문이에요.

"마에다 상, 다시 한 번 생각해보시죠?"

중개상은 사정하듯 말하였어요. 그때 전형필이 손을 들었어요.

"좋습니다."

이번에는 마에다가 으헉, 하며 놀라고 말았어요. 팔리지 않아도 좋다는 심정으로 부른 것인데 한 푼도 깎지 않고 산다니 놀랄 수밖에 없었어요. 이때 전형필이 구매한 것이 바로 교과서에도 자주 나오는 청자상감운학문매병(靑磁象嵌雲鶴文梅甁)이에요.

그런데 며칠 뒤 마에다가 한 일본인을 데리고 전형필을 찾아왔어요.

"전 선생, 지난번의 두 배를 드릴 테니 도로 파시죠?"

함께 온 무라카미가 말하였어요. 전형필은 담담하게 말하였어요.

"좋습니다."

갑자기 실내는 팽팽한 긴장감이 돌았어요. 꼴깍, 하고 누군가가 침을 넘기는 소리만 정적을 깼어요. 잠시 뒤 전형필이 말을 이었어요.

"허나 이보다 더 좋은 것을 가져오세요. 그러면 이것은 원금에 드리고 그것은 원하는 대로 드리지요."

그 말에 무라카미는 고려청자 구매를 포기하고 일본으로 돌아갔어요.

"대체 전형필이 누구야?"

그의 이름은 삽시간에 퍼졌고, 중간 상인들은 좋은 물건을 구하면 전형필에게 달려왔어요. 안동의 한 고가에서 발견된 훈민정음 해례본(국보 70호)도 그렇게 산 것이에요.

개스비의 청자를 가져오다
고려청자를 사랑한 영국인

당시 우리나라 문화재를 적극적으로 수집하는 사람 중에 영국인 개스비가 있었어요. 도쿄에서 국제변호사로 일하는 그는 처음에는 일본 도자기에 반했지만, 곧 고려청자를 접하고 마니아가 되었어요.

"가토가 소장하던 국보급 청자 두 점이 개스비에게 넘어갔답니다."

어느 날 중개인이 정보를 전형필에게 전했어요.

"계속 주시하세요. 그의 소장품은 꼭 사야 하니까."

그의 말에 중개인의 고개가 갸우뚱해졌어요.

"그가 팔까요? 고려청자에 미쳤는데."

하지만 전형필이 허투루 한 말은 아니에요. 당시 국제 정세는 전쟁의 기운이 맴돌았어요. 일본에 신흥 군부가 등장하면서 세계 정복을 노린다는 정보가 있었어요. 그것을 알아차린 서양인들은 하나둘 일본을 떠났어요.

"개스비가 소장품을 처분한다는 정보입니다."

아니나 다를까 중개인이 개스비 소식을 전하였어요. 전형필은 마음을 크게 먹고 유산으로 받은 땅을 처분한 뒤 일본으로 건너갔어요.

"조선 사람이오?"

개스비는 전형필을 보고 놀라워하였어요.

"정말 잘 왔소. 안 그래도 내 수집품이 일본인의 수중에 들어갈까 봐 조마조마하던 참이에요. 문화재는 주인에게 돌려주는 것이 맞지요."

"고맙습니다."

전형필은 짧게 대답하였어요.

개스비는 전형필이 건넨 50만 원 중 10만 원을 되돌려주었어요.

"대신에 이것은 제가 간직할게요. 너무 아쉬워서요."

그는 청자 술잔과 향합을 가리켰어요.

이때 전형필이 구매한 고려청자는 20점으로 국보는 청자상감연지원앙문정병(66호), 청자기린유개향로(65호), 청자압형수적(74호)으로 세 점, 보물은 청자상감포도문동자문매병(286호), 청자상감국목단당초문모자합(349호), 백자박산향로(238호) 등 세 점이에요.

"당신은 왜 일본이나 중국 것은 수집하지 않으셨습니까?"

거래가 끝난 뒤 전형필이 개스비에게 물었어요.

청자기린유개향로(간송미술관 소장)

"고려청자만 한 것이 세상에 또 어디 있습니까? 아마도 더는 그처럼 훌륭한 도자기는 만들 수 없을 것입니다."

개스비는 우리나라 사람보다 더 우리 문화재를 사랑한 사람이었어요. 그리고 그의 소장품은 전형필을 통하여 고스란히 우리나라로 왔으니 우리 문화재를 지킨 사람이라고도 할 수 있어요.

간송미술관에서 있었던 일
문화재 수호신, 최고의 미술관을 세우다

개스비의 소장품을 구매한 전형필은 서울에 보화각을 세우고 그간 모은 것들을 보관하였어요. 이것이 바로 우리나라 최초의 사립 미술관인 간송미술관이에요.

해방되고 6·25전쟁이 일어나자 전형필은 국보급 문화재만 챙겨서 부산으로 피난을 떠났어요. 한 창고를 빌려 보관하다 서울이 수복되었다는 소식을 듣고 곧바로 옮겼어요.

"아직 전쟁이 끝나지 않았으니 나중에 옮기시죠?"

주변의 만류에도 서울로 올라간 것은 보화각에 있는 나머지 유물들이 걱정되었기 때문이에요. 그런데 얼마 뒤 문화재를 보관하던 부산의 창고에 불이 나 전소하였다는 소식이 전해졌어요. 그 일이 일어난 뒤 사람들은

전형필을 이렇게 칭찬하였어요.

"전형필은 문화재 수호신이야."

하지만 끝날 것 같았던 전쟁은 중공군의 개입으로 다시 치열해졌고, 적들은 서울까지 밀고 내려왔어요. 서울에 들어온 인민군들은 곳곳에 흩어져있는 유물들을 모아 북한으로 가져가려고 하였어요. 물론 보화각에도 인민군이 들이닥쳤어요.

"골동품들을 모두 포장하시오."

인민군이 직원들에게 총부리를 들이대며 말하였어요. 직원들은 포장을 제대로 해야 한다며 시간을 질질 끌었어요. 누군가는 일부러 계단에서 굴러서 다리 상처를 입기도 하였어요.

"안 되겠어. 시간이 없네, 가세."

다행히 그들은 단 한 점의 문화재도 가져가지 않았어요. 당시 기지를 발휘한 사람은 뒤에 국립중앙박물관장을 맡은 최순우였어요.

간송미술관에는 전형필이 평생을 모은 유물이 가득해요. 그중에는 국보와 보물로 지정된 것도 상당히 많지요. 부자였으니까 문화재를 지켰겠지, 하고 말할 수도 있어요. 하지만 그것은 사실이 아니에요. 일제강점기 때 부자는 전형필 말고도 많았으니까요. 전형필은 우리 문화재가 유출되는 것을 막으려고 10만 석이라는 어마어마한 유산을 썼지만, 그보다 몇 배 더 값진 문화유산을 우리에게 남겼어요.

용어 풀이

도자기 이름 짓는 방법

고려청자나 조선백자는 명칭이 긴 것이 특징이다. 종류와 표현 기법, 무늬, 용도와 모양의 순으로 이어 붙여서 짓는다.
예) 청자상감운학문매병: 청자(종류)+상감(기법)+운학문(무늬)+매병(모양)

10만 석은 어느 정도 부자일까?

석은 곡식 한 섬을 말한다. 요즘 기준으로 80kg짜리 두 가마니이다. 천석꾼이라고 하면 1년 농사로 곡식 1,000석을 거두는 부자를 말하니 10만 석이라고 하면 20만 가마니를 거두는 부자를 뜻한다. 또 1석은 약 200평에서 나오는데, 쌀 10만 석을 거두려면 땅 2,000만 평이 필요하다. 1평은 3.3㎡.

더 깊이 생각해봅시다

❶ 일제강점기 시절 간송 전형필은 왜 문화재를 지키는 것이 독립운동이라고 생각했을까요?

❷ 고려는 독창적인 기법으로 상감청자를 만들었습니다. 상감 기법이 무엇인지 알아봅시다.

❸ '청자상감운학문매병(靑磁 象嵌 雲鶴文 梅甁)'의 우리식 이름은 '청자 상감 구름 학 무늬 매병'입니다. 그렇다면 '청자과형병(靑磁 瓜形甁)'의 우리식 이름은 무엇일까요?

제4장
금동 미륵보살 반가사유상
우물에서 건진 고구려 불상

금동 미륵보살 반가사유상(삼성미술관 리움 소장)
반가사유상으로는 고구려 유일의 불상으로 1940년 평양의 평천리에서 발견되었다. 오른손은 팔꿈치를 무릎 위에 붙이고 있는데, 윗부분은 사라졌다. 본래 손가락을 뺨에 살짝 댄 채 깊은 사색에 잠긴 미륵보살을 표현한 불상이다. 높이는 17.5cm이다. 국보 118호.

금동 미륵보살 반가사유상
고구려 불상을 사수하라

1940년 평양의 한 골동품 가게에 허름한 옷을 입은 남자가 들어섰어요.

"우물을 파는데 이런 것이……."

남자는 보자기를 탁자에 내려놓았어요. 보자기를 풀어본 골동품 가게 주인은 "아!" 하는 소리를 냈어요. 도저히 입을 다물 수가 없었어요. 골동품 가게 주인은 재빨리 보자기를 덮고 나직하게 물었어요.

"이것을 본 사람이 또 있습니까?"

"없습니다."

"이것에 대해서는 누구에게도 말하지 마세요. 특히 왜놈이 알면 안 됩니다."

주인은 금고에서 돈을 꺼내 탁자에 올려놓았어요. 돈을 본 남자는 "어이쿠!" 하며 주인이 놀랄 때보다 더 놀랐어요. 기와집 3채는 충분히 살 수 있는 돈이었기 때문이에요.

"멀리 떠나 살겠습니다."

남자는 돈을 집어 들고는 황급히 나갔어요.

남자가 사라지자 주인은 가게 문을 닫고 보자기를 다시 열어 보았어요. 흙이 잔뜩 묻고 녹이 슬었지만 분명히 고구려 불상이었어요. 그는 흙을 조심스럽게 털어내고 헝겊으로 불상을 정성스럽게 닦았어요. 한쪽 다리를 구부려 다른 쪽 넓적다리에 올려놓고 고개를 약간 숙인 모습, 세상을 어떻게 구원할까 고민하는 미륵보살 반가사유상이었어요.

주인은 불상을 나무 상자에 넣고 벽장 깊숙이 숨겼어요.

"휴우~."

그 불상이 일본인 손에 먼저 들어가지 않아 다행스러웠어요. 당시 일본인들은 우리나라의 문화재를 서로 가져가려고 혈안이 되어있었어요. 누가 좋은 것이 있다고 하면 무슨 수를 써서라도 빼앗았고, 사람을 시켜 옛 무덤을 마구 파헤쳤어요. 심지어는 위생 소독한다며 조선인들의 집을 샅샅이 뒤지기도 하였어요. 골동품 가게 주인인 김동현이 안도의 한숨을 내쉰 것은 그 때문이에요.

김동현은 그날 이후로 잠을 잘 자지 못하였어요. 불상을 벽장에서 꺼내어 아궁이 밑을 파 넣기도 하고, 포장을 잘해서 우물 안에 넣기도 해보았어요. 또 커다란 간장독 아래에 숨기기도 하였어요. 그래도 마음은 불안

했어요. 대단한 문화재를 혼자 지켜내려니 마음이 편할 리가 없었던 것이에요.

"이보게, 얼마 전 이런 것을 구했다네."

결국 그는 친구에게 불상 사진을 보여주며 털어놓았어요. 사진을 들여다본 친구 역시 놀랐어요.

"내가 관장님께 말씀드려보겠네."

그 친구는 평양박물관에서 일하고 있었어요.

"아, 아닐세. 팔 생각으로 말한 건 아니야."

김동현은 재빠르게 손사래를 쳤어요. 하지만 이 모습을 지켜본 사람이 있었어요. 몰래 훔쳐본 그 사람은 즉시 박물관장에게 일러바쳤어요.

다음 날 아침 일본인들이 김동현의 골동품 가게로 들이닥쳤어요.

"고구려 불상을 박물관에 넘기시오."

평양박물관 직원이었어요.

"없습니다."

김동현은 잡아뗐어요.

"다 알고 왔소이다. 후하게 쳐줄 테니 빨리 가져오시오."

"없소이다."

그 직원은 김동현과 몇 번 실랑이하다 일행에게 명령하였어요.

"얘들아, 뒤져라!"

그들은 가게 구석구석을 샅샅이 뒤졌어요. 김동현은 가슴이 조마조마

했어요. 불상이 발각되면 불상을 숨긴 자신도 끌려갈지도 몰랐어요. 하지만 일본인들은 끝내 불상을 찾지 못하였어요. 가슴을 쓸어내린 김동현은 며칠 뒤 불상을 함경도 원산의 친척 집으로 옮겼어요.

오쿠라의 끈질긴 유혹
일본인에게 파느니 가난하게 살겠다

"김동현에게 대단한 불상이 있다."

대구에서 전기회사를 운영하는 오쿠라에게 그러한 소문이 전해졌어요. 당대 최고의 골동품 수집가인 그에게 아쉬운 게 있다면 불상이었어요. 서화나 도자기는 만족스럽게 갖추었지만, 불상은 아직 부족했어요. 오쿠라는 김동현을 찾아갔어요.

"소문을 듣고 왔습니다. 제게 보여주실 수 있는지요?"

오쿠라가 물었어요.

다른 사람이라면 없다고 잡아뗐겠지만, 김동현은 사진을 꺼내 보여주었어요. 오쿠라가 누구인지 알았기 때문이에요. 그가 과연 얼마를 부를까 궁금하기도 하였어요.

오쿠라는 마치 사진 속으로 빨려 들어갈 것처럼 한참을 뚫어지게 본 뒤 자세를 고쳐 앉았어요.

"훌륭한 불상입니다. 50만 원 드릴 테니 내게 넘기시오."

순간 김동현은 침을 꼴깍, 하고 삼켰어요. 머릿속에서 불상이 기와집 수백 채로 재빠르게 바뀌다 사라졌어요. 하지만 담담한 척 말했어요.

"미안합니다. 팔 생각은 없습니다."

그는 비록 골동품을 거래하는 상인이었지만 귀중한 문화재를 일본인에게 팔지 않았어요.

"아이고!"

오쿠라는 벌어진 입을 손으로 얼른 가렸어요. 동시에 얼굴은 붉어졌어요. 김동현이 큰돈을 거절하리라고는 전혀 생각하지 않았기 때문이에요. 가게 밖으로 나온 오쿠라는 한동안 발걸음을 옮기지 못하였어요.

다음날에도 오쿠라가 찾아왔어요. 가게 안으로 들어서자 그는 김동현 앞에 무릎을 꿇었어요.

"선생, 제발 부탁입니다. 불상을 제게 파십시오."

김동현은 당황했어요. 무릎을 꿇고 있는 사람이 조선인이었다면 50만 원이 아니라 10만 원에도 넘겼을 것이에요. 하지만 오쿠라는 일본인이었어요.

"이러지 마세요. 저는 팔 생각이 없습니다."

자존심이 구겨진 오쿠라는 거의 울기 직전이었어요. 그는 얼굴을 잔뜩

찡그린 채 말했어요.

"그렇다면 제가 가진 모든 것을 다 드리면 되겠습니까?"

김동현은 그 무엇인가가 가슴을 쿵 하고 내리치는 기분이 들었어요. 2,000만 원, 오쿠라의 수집품들은 기와집 수천 채에 해당하는 엄청난 가치를 지니고 있었어요. 아득해진 정신을 가다듬는 데에는 시간이 제법 걸렸어요.

"죄송합니다. 저는 조선 사람입니다. 우리의 보물을 당신에게 파느니 가난을 택하겠습니다."

자존심으로 지킨 보물들
놀라워라! 골동품상이 지킨 유물들

　해방되자 일본인은 모두 떠났어요. 평양에 살던 김동현은 6·25전쟁이 일어나자 귀중한 문화재들만 싸 들고 남쪽으로 내려왔어요. 집으로 곧 돌아갈 줄 알았으나 끝내 남북한이 갈라지며 돌아갈 수 없게 되었어요. 문화재 몇 점 이외에는 모든 것을 북에 두고 온 그는 막노동까지 하며 살아야 했어요.

　"한 점만 팔아도 편히 살 텐데 왜 그렇게 고집을 피우나?"

　골동품 상인들은 김동현에게 유물을 팔라고 하였지만, 그는 번번이 거절하였어요. 그 이유는 오쿠라 때문이에요. 그날 오쿠라와의 자존심을 건 한판 대결에서 이겼으니 더는 그에게 돈은 큰 가치가 없었어요. 오로지 우리 보물을 지켜냈다는 자부심만이 그를 살아가게 하는 힘이었어요.

하지만 흘러가는 세월은 그 누구도 막을 수 없는 법, 어렵게 연명하던 김동현은 칠순에 이르러 병으로 쓰러졌어요.

"어쩔 수 없군요. 잘 보관해주세요."

그는 어느 미술관 직원에게 물건을 넘기며 눈물을 흘렸어요. 그러나 고구려 불상만은 내놓지 않았어요. 그것이야말로 자신이 살아있는 이유였기 때문이에요.

김동현은 병마를 이기고 10여 년을 더 살았어요. 몸이 더욱 쇠약해지고 그는 자신의 생이 끝자락에 왔음을 알았어요. 그즈음, 결국 마지막 남은 유물을 미술관에 넘겼어요. 미술관에서는 김동현 소장 특별전을 열었어요.

"많은 사람이 볼 수 있게 되었으니 죽어도 여한이 없습니다."

그렇게 그는 자신이 지켜온 유물과 이별하였어요. 현재 그의 소장품들은 삼성미술관 리움에 전시되어있으며, 그중 국보와 보물로 지정된 것이 각각 5점씩이에요.

- 금동 신묘명 무량수 삼존불 입상(국보 85호)
- 고구려 금동 반가사유상(국보 118호)
- 전 대구 비산동 출토 청동기 일괄(국보 137-2호)
- 나전 단화 금수문경(국보 140호)
- 전 논산 출토 청동기 일괄(국보 146호)

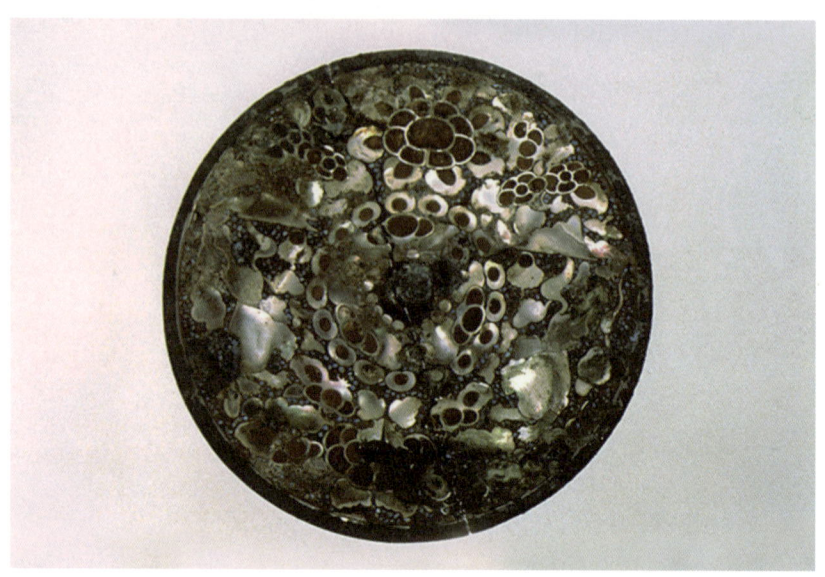

나전 단화 금수 문경(삼성미술관 리움 소장)

- 금동여래입상(통일신라, 보물 401호)
- 낙랑 유문칠배(보물 559호)
- 진솔선예백장동인(보물 560호)
- 고령 지산동 출토 금속 유물(보물 570-2호)
- 금동 미륵보살 반가사유상(보물 643호)

더 깊이 생각해봅시다

❶ 삼국시대에 유행하던 반가상은 오직 백제와 신라에서만 유례를 찾아볼 수 있었습니다. 금동 미륵보살 반가사유상으로 새롭게 고구려의 반가상을 확인할 수 있어 뜻깊습니다. 금동 미륵보살 반가사유상은 반가상으로는 지금까지 남아있는 유일한 고구려 불상입니다. 현존하는 고구려 불상을 모두 알아보세요.

❷ 불교는 소수림왕 2년(372)에 처음 고구려에 들어왔습니다. 고구려 왕실은 불교를 크게 반겼는데, 그 이유는 무엇일까요?

한국 문화재의 보물 창고
오쿠라 컬렉션

　오쿠라는 1920년대부터 우리나라 골동품을 마구 수집하였어요. 사람을 시켜 도굴도 하는 등 손에 넣고 싶은 것이 있다면 어디든 달려갔어요. 그 결과 수천 점의 유물을 모았어요. 1945년 일본으로 돌아갈 때 수집품을 실을 밀항선을 따로 구해야 할 정도였어요.

　그렇게 빼돌렸음에도 그가 떠난 집에는 670점이나 되는 유물이 더 남아 있었고, 1946년 국립중앙박물관으로 옮겨졌어요. 그것이 끝인 줄 알았지만 1964년에 그 집 지하에서 142점이 더 발견되어 놀라움을 주었어요. 그 유물들은 국립경주박물관으로 옮겨졌어요.

　1965년 한일협정 때 우리나라 정부는 일본 정부에 오쿠라 유물을 반환하라고 강력히 요구하였지만, 일본 측은 민간인이 소유하고 있고 약탈한 증거가 희박하다며 거절하였어요.

　이후 오쿠라는 1982년 자신에게 있던 유물을 모두 도쿄국립박물관에 기증하였어요. 현재 박물관에는 1,100여 점의 오쿠라 유물이 있는데, 이를 오쿠라 컬렉션이라고 불러요. 그중 신라 금동관모 등 39점이 일본 문화재로 지정되었어요.

2000년대에 들어와 외국 소재 우리 문화재 반환 운동이 본격화되었고, 오쿠라 컬렉션도 돌려받아야 한다는 목소리가 커졌어요. 특히 문화재 제자리 찾기 운동 대표 혜문 스님은 도쿄국립박물관에 도굴 또는 도난의 의혹이 짙은 오쿠라 컬렉션 34점을 반환해달라고 요청하였어요. 신라 금동관모, 조선 대원수 투구 등은 거래된 기록이 전혀 없으니 확실하지요.

과연 오쿠라 컬렉션은 우리에게 돌아올까요?

오쿠라 컬렉션 중 조선대원수 투구
(도쿄국립박물관 소장)

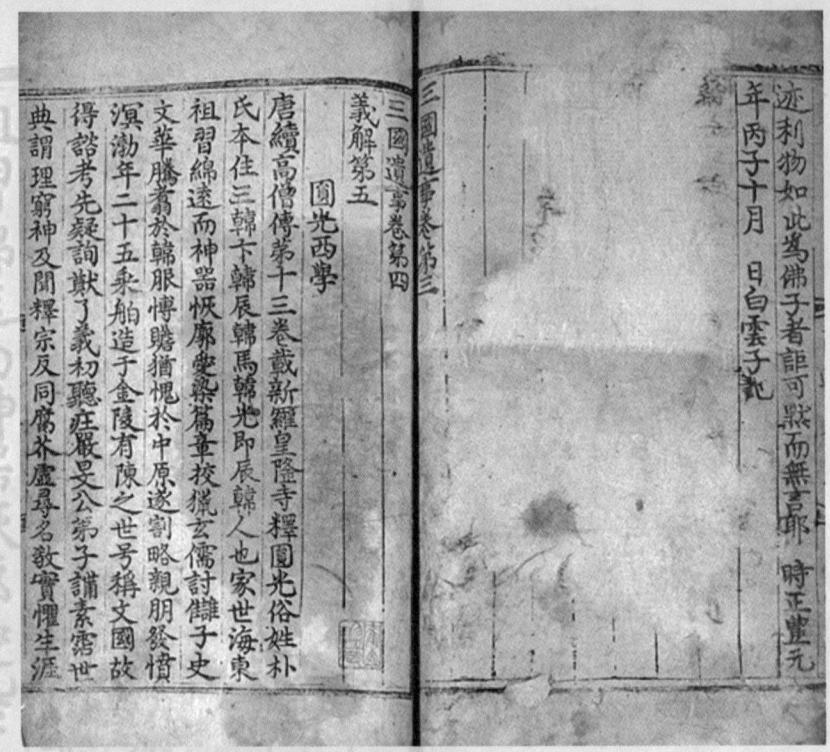

삼국유사(곽영대 소장)

『삼국사기』와 더불어 한국 고대사 연구에 가장 중요한 자료이다. 고대 사회의 역사는 물론 풍속과 종교·문학·예술·언어 등을 담고 있으며, 특히 『삼국사기』에 없는 자료가 많아 매우 높은 가치를 지닌다. 고려의 승려 일연이 지은 것으로 조선 시대에 여러 번 간행되었는데, 곽영대 소장본이 가장 오래된 것으로 추정된다. 국보 306호.

내시 할아버지의
마지막 유산

"생활이 어려워지거든 팔아라."

1973년 서화가 이병직은 보따리 하나만을 남긴 채 눈을 감았어요. 한때는 내로라하는 갑부였지만 가진 것이라고는 그것뿐이었어요. 손자 곽영대는 보따리를 풀고 『삼국유사』를 품에 안았어요. 이병직이 가장 아끼던 보물이었어요.

"어떤 일이 있어도 지킬게요."

그는 할아버지의 죽음 앞에 맹세하였어요.

이병직과 곽영대, 둘은 성은 다르지만 한 가족이에요. 여기에는 사연이 있어요. 이병직은 조선의 마지막 내시였고, 곽영대는 가문을 잇기 위하여 그의 손자로 입양된 것이에요. 비록 내시 가문이긴 하지만 남다른 전통을 지닌 집안이었어요. 곽영대의 시조 할아버지는 임진왜란 때 선조를 업고 의주까지 피난을 갔던 충신이고, 조선 말 이민화와 유재현 부자는 왕실에서 가장 신임받는 내시들이었어요. 특히 유재현은 고향 사람을 돕고 받은 땅을 이용하여 가문의 재산을 7,000석으로 불렸어요. 그런 부잣집이 망한 것은 이병직의 우리 문화재 수집 열정과 6·25전쟁 때문이었어요.

이병직이 내시가 된 것은 1903년 여덟 살 때예요. 당시 나라 안팎은 우리나라를 침략하려는 제국주의 때문에 매우 혼란스러웠어요. 결국 이완용 등 매국노들이 일제에 나라를 팔아먹었고, 1908년 내시제가 폐지되자 이병직은 궁궐에서 나왔어요.

"조선의 신하임을 잊지 않으리라."

이병직은 궁궐을 나오며 입술을 깨물었어요.

그는 명필 김규진에게 서화를 배우고 여러 예술가와 사귀며 우리나라 전통문화 속으로 한 걸음 한 걸음 들어갔어요. 그러다 보니 골동품을 구분하는 안목이 생겼고 한두 점씩 모으게 되었어요.

"이병직의 집에 보물이 가득하다."

어느새 그의 수집품은 소문이 났고, 그의 집에는 예술가와 수집가가 매일같이 드나들었어요. 그러던 어느 날 한 일본인이 조그마한 찻상을 들여다보고 있었어요. 평양에서 출토된 낙랑의 청동 다상이었어요. 넋을 잃고 한참을 감상하던 그는 마침내 이병직에게 속마음을 털어놓았어요.

"정말 탐나는군요. 혹시 제게 파실 수 있으신지요?"

일본은 우리나라보다 차 문화가 발달하였으니 탐낼만했어요.

"죄송합니다. 안 됩니다."

이병직은 거절하였어요. 그 뒤로도 그 일본인은 몇 번이나 더 찾아와 찻상을 달라고 애원하였지만, 이병직은 냉정하게 말하였어요.

"그것은 우리나라에서 가장 오래된 차 관련 유물입니다. 우리나라 차의 역사를 1,500년 전까지 거슬러 올라가게 하는 찻상인데 팔 수 없지요."

그의 집은 200평이 넘는 저택이었는데, 집 안 곳곳에 그처럼 진귀한 골동품이 가득 차 있었어요.

하지만 그는 수집품을 경매에 내놓기도 하였어요. 한번은 경성미술구락부에 400여 점을 한꺼번에 내놓자 사람들이 쑤군거려댔어요.

"도대체 갑부 이병직이 그 귀한 것들을 경매에 왜 낸 거야?"

이병직은 남들이 뭐라고 하든지 서너 번 경매로 수집품들을 처분하였어요. 그는 그렇게 마련한 돈으로 고향인 경기도 양주와 광적면에 학교를 세웠어요. 현재 의정부고등학교와 효촌초등학교가 바로 그때 세운 학교예요.

인민군들이 보물을 몰라본 까닭은?
북한으로 갈 뻔한 삼국유사

해방 뒤까지만 해도 그는 상당한 부자였어요. 1948년 봄 어느 날 남산에서 고미술품 전시회 겸 경매가 열린다는 소식을 듣고 나섰어요. 해방 뒤 첫 경매이니 무엇이 나올까 궁금하였어요. 그날 나온 골동품은 고려청자와 조선백자가 대부분이었고, 일본인들이 놓고 간 명품도 상당히 많았어요. 전시품을 둘러보던 이병직은 한 코너에서 발을 멈췄어요.

"이것이 왜 나왔지?"

우리나라 최고의 역사책인 『삼국유사』였어요. 출품인은 서지학자로 유명한 평양 숭실대 이인영 교수로, 북한 지역에 소련군이 들어오자 위협을 느끼고 서울로 내려와 머물고 있다가 아예 서울에 정착하려고 유물을 경매에 내놓았던 것이에요.

이병직은 저택까지 처분하고 경매에 나서 『삼국유사』를 손에 넣었어요. 당시 낸 대금은 75만 원으로 기와집 수십 채를 살 수 있는 큰돈이에요. 그 뒤 그는 매일 『삼국유사』를 꺼내 보았어요. 일제강점기 때에는 배울 수 없었던 우리의 역사를 마음껏 읽을 수 있으니 즐거웠던 거예요.

그러나 서서히 불행의 그림자가 다가오고 있었어요. 학교에는 끊임없이 큰돈이 들어갔고, 국가에서는 토지 개혁을 준비하고 있었어요. 토지 개혁이란 대지주의 땅을 소작인들에게 나눠주고 대지주에게는 나라에서 지가 증권으로 보상하는 것을 말해요. 1950년 2월 토지개혁법이 실행되자 그는 땅을 몽땅 내놓고 증권을 받았어요.

그해 6월 초 이병직은 돈이 부족해지자 『삼국유사』와 유물 몇 점을 경매에 내놓았어요. 그러나 경매에 들어가기 전에 6·25전쟁이 나 부산으로 피란 가야 했어요. 몇 달 뒤 누군가가 그를 찾아왔어요.

"이것이 선생님 것인가요?"

그의 손에는 놀랍게도 『삼국유사』가 들려 있었어요. 책을 받은 이병직은 어떻게 된 일이냐고 물었어요.

"경복궁 마당에 뒹굴고 있었습니다."

"예?"

이병직은 깜짝 놀라고 말았어요. 『삼국유사』가 왜 그곳에서 뒹굴고 있었는지 알 길이 없었어요.

6·25전쟁 때 서울을 점령한 북한은 서울 곳곳에 있는 문화재를 북으로

가져가려고 경복궁의 국립중앙박물관에 모았어요. 이때 경성미술구락부에 경매 예정이던 『삼국유사』도 박물관으로 옮겨졌어요. 유물이 수북이 쌓이자 인민군 장교가 말하였어요.

"괜찮은 물건을 골라라."

그러고는 고른 것들을 트럭에 싣고 떠났어요. 그들이 사라진 뒤 박물관 직원들이 가 보니 『삼국유사』가 버려져있었어요.

"아마도 이것 때문에 버리고 간 것 같아요."

『삼국유사』를 가져온 남자는 표지를 가리켰어요. 표지에는 아무런 글자도 없었어요. 그래서 인민군들은 그 책이 『삼국유사』라는 것을 몰랐던 것이에요.

지독한 가난과 싸우며
보물을 지키기 위해 스님이 되다

　전쟁이 끝난 뒤 이병직은 서울로 돌아왔어요. 하지만 그는 졸지에 가난뱅이로 전락하고 말았어요. 토지 대신 받은 증권은 휴지조각으로 변하였고, 진귀한 골동품으로 가득하던 집도 사라진 뒤였어요. 그에게 남은 것은 『삼국유사』 등 몇 점의 유물뿐이었어요.

　유물이 많을 땐 하나하나가 그렇게 소중한 줄 몰랐어요. 하지만 몇 점밖에 남지 않자 자신의 목숨처럼 느껴졌어요. 이병직이 20여 년 동안 전셋집을 전전하면서도 유물을 팔지 못한 것은 그 때문이에요.

　1973년 이병직이 숨을 거둔 뒤 곽영대는 괴로워하였어요.

　"하나만 팔아도 괜찮게 살 텐데⋯⋯⋯⋯."

　주변 사람들이 유물을 팔라고 유혹했기 때문이에요. 그러나 그는 고개

를 가로저었어요. 그에게 유물은 할아버지나 마찬가지였어요. 지치고 힘들 때마다 『삼국유사』를 품에 안고 눈물을 흘렸어요. 이미 그것은 보물로 지정되어있었기에 더욱 힘들었어요. 도둑이 들까 봐 불안하였던 것이에요.

"이제는 버티기 힘들구나."

그러던 어느 날 곽영대는 절로 들어갔어요. 유물을 지킬 수 있다면 어디든 가야 했던 것이에요. 곽영대는 절에 머물며 마음의 안정을 찾았어요. 부처님께 한 걸음 한 걸음 다가가 불교에 심취해보니 어느 순간 자신의 인생이 『삼국유사』를 지은 일연 스님과 연결되었다는 것을 깨달았어요.

"아, 그렇구나. 그래서 나는 『삼국유사』를 놓지 않았던 것이야."

그는 1996년 스님이 되었어요. 그것은 『삼국유사』가 인도한 길이었고 이병직이 가르쳐준 길이기도 했어요.

『삼국유사』는 2003년 국보로 지정되었어요. 그 소식을 들은 곽영대는 1965년 보물로 지정되었을 때 이병직이 한 말이 떠올랐어요.

"도대체 사람들은 이 책의 진정한 가치를 몰라. 이게 왜 보물이야, 국보지."

우리나라에서 현존하는 가장 오래된 역사책
삼국유사와 삼국사기

『삼국유사』는 『삼국사기』와 함께 우리나라 최고(最古)의 역사책이에요. 특히 단군 할아버지가 나라를 세운 이야기가 들어있어서 더욱 소중하지요. 우리 민족의 자긍심을 담고 있거든요.

『삼국유사』는 『삼국사기』가 나온 뒤 쓰였어요. 『삼국사기』는 나라에서 만든 공식적인 역사책이고, 『삼국유사』는 일연이라는 스님이 쓴 역사책이에요. 일연은 고려 초의 고승으로 『삼국사기』에 빠진 것과 소홀하게 다룬 것을 많이 넣었어요. 단군 할아버지 이야기는 물론 가락국 이야기 등은 우리 민족의 역사를 세우는 데 매우 중요한 내용이에요.

『삼국유사』는 특히 풍속과 신앙, 설화, 노래, 전설 등을 듬뿍 담아서 역사뿐 아니라 문학 연구에도 좋은 자료가 되고 있어요. 그중 향가는 한글이

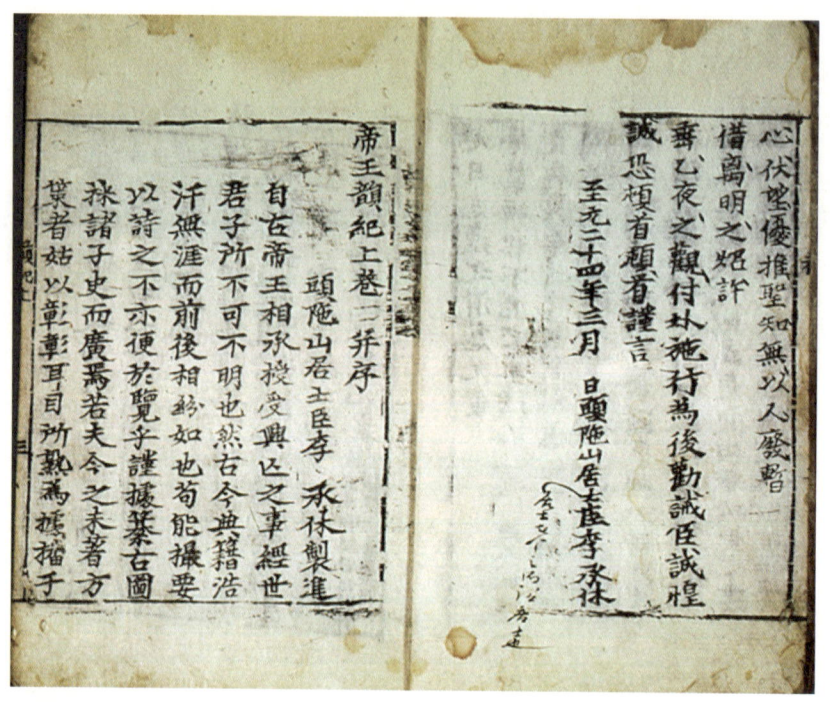

제왕운기(곽영대 소장)
이병직이 삼국유사와 함께 갖고 있던 유물로 1287년 이승휴가 쓴 역사책이다. 우리나라와 중국의 역사를 시 형식으로 썼는데, 여기에도 고조선 이야기가 나온다. 가로 18cm, 세로 29cm로 공민왕 9년(1360)에 경주에서 인쇄한 후쇄본. 보물 418호.

발명되기 전 우리말을 살펴볼 수 있는 시가예요. 그래서 일제강점기 때의 시인이자 학자 최남선은 이렇게 말했어요.

"『삼국사기』와 『삼국유사』 중 하나를 가지라면 나는 후자를 가질 것이다."

단원 김홍도의 자화상(평양 조선미술박물관 소장)
이병직이 소유하던 김홍도의 자화상. 6·25전쟁 때 북한이 가져가 현재 평양 조선미술박물관에 있다.

『삼국유사』는 5권 2책으로 구성되어있어요. 이는 오늘날로 치면 전체가 5장으로 이루어진 상하 두 권이라는 뜻이에요. 1~2권, 3~5권이 각각 1책인데, 이병직과 곽영대가 지켜낸 것은 3~5권 1책이에요. 서울대학교에 소장된 것은 국보 306-2호로 지정되어있고, 고려대학교와 연세대학교, 범어사, 개인 소장 등의 『삼국유사』는 각각 보물로 지정되어있어요. 참고로 『삼국사기』는 아직 국보로 지정된 것은 없고 보물은 여러 점 있어요.

대전의 어느 교수가 갖고 있던 삼국유사는 1999년 도난당했다가 2016년 4월 한 경매장에 나타나 회수하였어요. 이미 공소시효가 만료되어 관련자를 처벌하지는 못하였어요. 현재까지 도난 신고된 문화재는 약 3만 점이에요. 외국에 있는 문화재를 환수하는 것 못지않게 잃어버린 문화재를 되찾는 일도 매우 중요해요.

더 깊이 생각해봅시다

❶ 『삼국유사』보다 『삼국사기』가 더 먼저 쓰였어요. 그런데 일제강점기 때의 시인이자 학자인 최남선은 "삼국사기와 삼국유사 중 하나를 가지라면 나는 후자를 가질 것이다."라고 말했습니다. 그 까닭은 무엇일까요?

❷ 대전의 어느 교수가 갖고 있던 삼국유사는 1999년 도난당했다가 2016년 4월 한 경매장에 나타나 회수하였어요. 그런데 공소시효가 만료되어 특수강도죄로는 관련자를 처벌하지 못하였어요. 현재까지 도난 신고된 문화재는 약 3만 점입니다. 경찰은 "문화재 관련 범죄에 대해서는 공소시효를 폐지하거나 연장할 필요가 있다."라고 말했어요. 경찰이 이렇게 주장하는 이유는 무엇일까요?

❸ 『삼국유사』는 5권 2책으로 구성되어있어요. 이는 상하 두 권이라는 뜻이에요. 이병직과 곽영대가 지켜낸 것은 3~5권 1책이에요. 서울대학교, 고려대학교, 연세대학교, 범어사, 개인 소장 등의 『삼국유사』는 여러 권이 남아있어요. 그런데 어떤 삼국유사는 국보가 되고, 어떤 것은 보물이 되었어요. 그 차이는 무엇일까요?

제6장
상원사 목조문수동자좌상
절을 태우려거든 나도 태우거라

상원사 목조문수동자좌상

1466년에 왕실에서 만든 불상으로 세조 임금이 오대산에서 목욕하다가 친견한 문수동자의 모습이라고 전해진다. 국내에서 유일하게 예배의 대상으로 만든 불상이다. 천진한 미소와 온화한 얼굴, 그리고 부드러운 선과 균형 있는 자세 등 조선 초 뛰어난 불상 양식을 잘 보여준다. 높이 93cm, 폭 75cm이다. 국보 221호.

군대의 명령과
부처님의 명령

"스님, 큰일 났습니다."

1951년 1월 어느 날 한 젊은 승려가 상원사 법당으로 달려오며 외쳤어요.

"무슨 일이냐?"

노승이 법당문을 열고 얼굴을 내밀며 물었어요.

"월정사가 불에 탔습니다."

"월정사가?"

"글쎄, 군인들이 불을 놓았답니다!"

젊은 승려는 볼멘 목소리로 대답하였어요.

"음."

노승은 무엇인가를 생각하는 듯 잠시 고개를 숙였어요.

"모두 모이라고 하여라."

절에 있는 사람들이 법당 앞에 모이자 노승은 굳은 얼굴로 말하였어요.

"모두 이곳을 떠나거라. 여기 있으면 화를 입을 것이다."

노승의 말에 사람들은 서로 얼굴을 쳐다보더니 웅성댔어요. 얼마 전만 해도 전쟁이 끝났다고 하였는데 군인들이 월정사를 불태웠다니…….

"얼른!"

노승이 재촉하자 그제야 하나둘 자리를 떴어요. 사람들이 사라지자 노승은 법당으로 들어가 불상 앞에 앉았어요. 그는 평상시와 다름없이 경을 외웠어요.

얼마 지나지 않아 군인 한 무리가 상원사 경내로 들어섰어요. 한 병사가 안을 한 바퀴 돌아보더니 말하였어요.

"아무도 없는 것 같습니다."

"불을 놓아라."

장교는 명령을 내렸어요. 법당에 불을 놓으려고 문을 활짝 열어젖혔는데, 법당 안에는 뜻밖에도 노승이 앉아있었어요.

"어서들 오게나."

노승은 태연스럽게 말하였어요.

"스님, 나오십시오. 불을 놓아야 합니다."

"그런가. 잠깐만 기다려주게."

노승의 말에 병사는 문을 닫고 밖에서 기다렸어요. 그러나 한참이 되어도 노승은 나오지 않았어요. 이번에는 장교가 문을 열어 보았어요. 물건을 챙겨 나올 줄 알았던 노승은 깨끗한 가사로 갈아입고 방 가운데 가부좌를 틀고 앉아있었어요.

"준비 다 되었으니 불을 놓게나."

노승의 뜻밖의 말에 장교는 놀라고 말았어요.

"스님, 이러지 마십시오. 저희는 명령을 따라야 합니다."

"나도 마찬가지일세. 자네들은 상관의 명령대로 불을 붙이면 되고, 나는 부처님 명령대로 절을 지키면 되네. 어차피 나야 다비로 없어질 몸이야."

다비란 스님의 장례식을 말해요.

순간 장교는 불에 타던 월정사의 모습이 떠올랐어요. "인민군의 본거지가 될 테니 월정사와 상원사를 소각하라."라는 상부의 명령을 수행했을 뿐이지만 천 년도 더 된 절을 자신의 손으로 태워 없앴으니 마음이 편하지 않았어요.

"끌어낼까요?"

병사들이 장교에게 물었어요.

"아니다. 저 문짝을 떼어내라."

장교의 명령에 병사들은 법당 문짝을 뜯어 마당에 쌓았어요.

"불을 놓아라. 이것으로 오늘 임무를 마친다."

문짝을 태우는 것으로 명령을 대신한 것이에요.

"이것 가져가시게."

노승은 낡은 죽비로 장교의 어깨를 두어 번 톡톡 하고 두들겼어요. 순간 장교는 깨달았어요.

'죽고자 하면 살 것이고 살고자 하면 죽을 것이다. 스님이 살고자 하였다면 상원사는 죽었을 것이다. 죽고자 하였으니 산 것이다.'

장교는 합장하고 노승에게 고개를 숙였어요.

목숨을 걸고 상원사를 지킨 분이 바로 한암 스님입니다.

용어 풀이

가사(袈裟)
승려가 장삼 위에, 왼쪽 어깨에서 오른쪽 겨드랑이 밑으로 걸쳐 입는 법의(法衣).

다비(茶毘)
불에 태운다는 뜻으로, 시체를 화장(火葬)하는 일을 이르는 말. 육신을 원래 이루어진 곳으로 돌려보낸다는 뜻이 있다.

일제가 경계한 고승 한암
너희의 앵무새는 되지 않겠노라

"어찌 이리도 부처님을 닮았단 말이냐!"

한암 스님은 스물한 살 때 금강산을 여행하다 기암절벽들이 부처님으로 보이는 바람에 스님이 되었어요. 이 절 저 절 다니며 수행을 하다 1923년에는 봉은사 조실이 되었어요. 조실은 수행자를 지도하는 스님을 말해요. 하지만 당시는 일제강점기라 스님 중에도 친일파가 득세하였고, 한암 스님은 그들에게서 일본식 불교를 도우라는 강요를 받았어요.

"천고에 자취를 감춘 학이 될지언정 춘삼월에 말 잘하는 앵무새는 되지 않겠노라."

1925년 스님은 친일파 승려들의 꼭두각시가 되기를 거부하며 오대산 상원사로 들어갔어요. 한암 스님은 이후 단 한 번도 오대산 밖으로 나오지

한암 스님

않았어요. 그런데도 많은 스님이 그를 따르니 1941년 조계종이 출범할 때 초대 종정으로 추대되었어요. 하지만 그것은 한암 자신과는 상관없는 일이었어요. 조선총독부 총독이 초대 종정이 된 것을 축하한다며 초청하자 단번에 거절하였어요.

"어디 두고 보자."

총독은 화가 잔뜩 났어요. 그는 이케다 경무국장을 불러 한암 스님을 잡아올 묘책을 세우라고 하였어요. 당시 경무국장은 날아가는 새도 떨어뜨린다고 할 정도로 권세가 대단했어요.

이케다는 상원사로 한암 스님을 찾아가 물었어요.

"이번 전쟁은 어느 나라가 이기겠습니까?"

제2차 세계대전이 한창 중이었기에 함정을 판 것이에요. 한암 스님이 일본이라고 하지 않으면 반역으로 몰아갈 생각이었어요. 그것을 아는 주위 사람들은 걱정이 태산 같았어요. 모두 긴장한 채 한암 스님의 입만 바라보았어요. 잠시 뜸을 들인 한암 스님은 태연하게 말하였어요.

"그야 덕이 있는 나라가 이길 것이오."

이케다는 어깨가 축 처졌고, 사람들은 빙그레 미소를 지었어요.

한암 스님은 상원사를 지켜내고 석 달 뒤 좌탈입망으로 열반에 들었어요. 누워서 죽음을 맞이한 것이 아니라 평소 수행하거나 공부하던 모습으로 세상을 떠난 것이에요. 한암 스님은 죽으면서까지 제자들에게 열심히 살라는 교훈을 남겼어요.

문수동자상의 비밀
임금은 문수를 보았다고 말하지 말라

한암 스님이 지켜낸 상원사에는 오늘날 상원사 동종과 문수동자상 등 국보 3점, 보물 2점이 전해져요. 그중 문수동자상은 일반 불상과는 달리 천진난만한 아이처럼 생겼어요. 이런 불상이 상원사에 전해지는 데에는 세조 임금의 일화가 숨어있어요. 피부병으로 고생하던 세조는 어느 날 오대산 계곡을 찾아 신하들을 물리치고 계곡물에 몸을 담갔어요.

"어이, 시원하구나!"

그런데 어느새인가 동자가 자신의 몸을 씻고 있었어요. 세조는 기분이 좋아 눈을 감은 채 말하였어요.

"동자야, 다른 데 가서 임금이 여기에 와 몸을 씻었다는 말은 하지 마라."

동자가 대답하였어요.

"임금은 오대산에서 문수를 보았다고 말하지 말라."

세조가 깜짝 놀라 돌아보았지만 이미 동자는 사라지고 없었어요. 그 뒤 세조의 피부병은 깨끗이 나았어요.

"문수보살님의 은혜, 잊지 않겠습니다."

그는 상원사 법당에서 백일기도를 올렸고, 궁궐로 돌아온 뒤 화공을 불러 등 너머로 얼핏 본 동자를 그리게 하였어요. 하지만 여러 명의 화공에게 시켜도 자신이 생각하는 그림이 나오지 않았어요. 그러던 어느 날 누더기를 걸친 노승이 그려온 것을 보니 바로 그 동자의 모습이었어요.

"스님은 어디에서 오셨습니까?"

세조가 묻자 노승은 "영산회상에서 왔다."라고 하더니 구름을 타고 하늘로 올라가 버렸어요. 그 뒤 그 그림으로 불상을 조성하니 바로 문수동자상이라는 것이에요.

이를 뒷받침이라도 하듯 문수동자상의 배에서 여러 유물과 함께 발원문이 발견되었어요. 발원문에 따르면 1466년 세조의 둘째딸 의숙공주가 아들을 낳기를 바라며 동자상을 만들어 상원사에 봉안하였대요.

1469년에는 경상북도 안동 누문에 걸려 있던 신라 시대 동종을 이곳으로 옮기니 바로 국보 상원사 동종이에요. 모양도 좋고, 소리도 아름다운 우리나라 최고의 종으로 훗날 이 종을 본떠 많은 종을 만들었어요.

세조는 궁궐로 돌아와 상원사를 크게 다시 지으라며 재물을 내려보냈고,

상원사 동종(왼쪽)
오대산 상원사에 있는 동종으로 신라 성덕왕 24년(725)에 만들었다. 경주 성덕대왕신종(국보 29호)과 더불어 우리나라에 남아있는 원형의 통일신라시대 범종 3구 중 하나이며, 크기는 높이 167cm, 입지름 91cm이다.
우리나라에 현존하는 종 가운데 가장 오래되고 한국 종의 고유한 특색을 갖춘 모본이 되는 종이다. 국보 36호.

상원사 동종 용뉴(오른쪽)
상원사 동종의 꼭대기 부분의 장식.

신미 스님이 중창을 시작하며 한글로 자초지종을 기록하니, 국보 292호 상원사 중창 권선문으로 전해져요.

한편 문수동자상 배 속에서 나온 유물들은 보물 793호로 지정되었고,

1661년 조성된 목조 문수보살 좌상과 복장 유물은 보물 1811호로 지정되었어요.

당시 한암 스님이 다비를 하겠다며 입었던 가사도 등록문화재 645호로 지정되어 월정사 성보박물관에 보관되어있어요. 이 많은 유물이 오늘날까지 전해지는 것은 한암 스님이 온몸으로 불을 막았기 때문이에요.

용어 풀이

세조(世祖)
조선 제7대 왕(1417~1468). 군호는 수양대군. 『국조보감』 『경국대전』 따위의 서적을 편찬하였다. 저서에 『석보상절』이 있다. 재위 기간은 1455~1468년이다.

중창(重創)
낡은 건물을 헐거나 고쳐서 다시 지음.

상원사
강원도 오대산 중턱에 있는 절로 705년 창건되었다. 오대산은 예로부터 문수보살이 상주한다고 알려져 문수신앙의 중심지로 유명한데, 세조가 문수보살을 친견하고 피부병을 고쳤다 하여 이후 왕실 사찰이 되기도 하였다. 문수동자상과 상원사 동종 등의 국보가 전해진다.

> 더 깊이 생각해봅시다

❶ 신라 선덕여왕 12년(643)에 자장 율사가 창건했다는 설이 전해지는 월정사는 6·25전쟁 때 완전히 소실되었습니다.『한국전쟁과 불교 문화재』강원도 편에 따르면 "1951년 1월 2~3일경 오대산은 여기저기 소각되는 산내 사암과 민가에서 피어오르는 연기와 피난민으로 아비규환이었지만 월정사는 소각되지 않았다. 그 이유는 소각을 면하고자 하는 월정사 대중의 눈물겨운 노력과 월정사가 지닌 역사적 지역적 위치 때문에 국군이 주저했던 것으로 파악된다."라고 했습니다. 이 책은 하지만 "미8군 사령관 워커의 명령을 하달받은 국군 1군단장의 지시로 민간인 3명에 의해 결국 22동의 전각이 불탔다."라고 전합니다. 이렇듯 전쟁통에 문화재를 지키기란 무척 어려운 일입니다. 훗날 불타버린 월정사는 스님과 대중의 노력으로 복원되었습니다.
월정사가 소각될 당시 전쟁으로 혼란스러운 상황인데도 대중은 월정사를 지키려고 했습니다. 그 이유는 무엇일까요?.

❷ 상원사를 불태우라는 명령을 받은 장교는 법당 문짝을 태웠습니다. 장교는 왜 이러한 선택을 한 것일까요?

❸ 한암 스님은 일제강점기 때 일본을 돕지 않고, 1925년 상원사로 들어갔습니다. 1951년 입적할 때까지 산문 밖을 나오지 않았습니다. 한암 스님의 절개와 김정희가 그린 세한도에 담긴 뜻을 함께 생각해봅시다.

부록

서울을 구한 두 영웅
김용주와 해밀턴

  6·25전쟁 때 연합군을 이끌고 참전한 맥아더 장군은 인천상륙작전 계획을 세웠어요. 작전이 성공하면 곧바로 서울로 진격하려 했지요. 그런데 아군의 피해를 최소화하면서 신속하게 서울을 수복하는 방법은 단 하나, 서울을 초토화하는 것이었어요.

  "안 돼. 서울에는 문화재와 사적이 즐비해."

  그 계획을 알아차린 주일공사 김용주는 맥아더 장군을 찾아갔어요.

  "서울에는 수백 년 된 문화재가 가득합니다. 포격 작전보다는 포위 작전으로 적을 섬멸해야 합니다."

  "무슨 말이오? 문화재와 사적은 나중에 책임지고 복구하겠소."

  맥아더 장군은 호기롭게 말하였어요.

  "안 됩니다. 우리 민족은 오랜 역사와 문화를 가진 민족이지만, 근래 국력이 약하여 숱한 문화재를 약탈당하였습니다. 그나마 남은 유물이 서울에 있는데 이번에 포격하면 우리 민족의 문화는 자취조차 없어질 것입니다. 생각을 바꿔주십시오."

  김용주는 조목조목 말하였어요. 그의 말에 맥아더 장군을 비롯한 참모진은 고개를 끄덕였어요. 잠시 뒤 작전참모 히키 중장이 김용주를 상황실로 불렀어요. 탁자에 커다란 서울 지도가 펼쳐졌어요.

"파괴해서는 안 될 곳을 표시하시오."

김용주는 처음에 경복궁, 창덕궁, 덕수궁 등을 표시하다 서울 중심가를 아예 길게 나눴어요.

"이 선 위쪽은 궁궐 등 우리나라 문화 유적이 모인 곳이고, 아래쪽은 일본인들이 만든 신시가지입니다. 위쪽은 포격하면 안 됩니다."

그리고 아래쪽 숭례문과 덕수궁에도 표시하였어요. 참모에게 설명을 들은 맥아더 장군은 약속하였어요.

"알았소. 꼭 당신 말대로 하겠소."

훗날 이승만 대통령은 김용주에게 '서울을 포화로부터 구한 은인'이라며 찬사를 보냈어요.

한편, 인천상륙작전을 성공시킨 맥아더 장군은 서울 수복에 나섰고, 1950년 9월 25일 인민군이 대거 덕수궁에 몰린다는 소식을 들었어요. 당시 인민군은 전세가 불리해지자 지휘본부로 사용하는 덕수궁으로 집결한 것이었어요. 이에 맥아더 장군은 명령을 내렸어요.

"덕수궁을 폭파하라!"

하지만 제임스 해밀턴 딜 포병 장교는 폭격할 수 없었어요. 비록 전쟁 중이었지만 오랜 역사를 지닌 한 나라의 궁궐과 문화재를 함부로 없애면 안 된다고 생각한 것이에요. 도저히 양심이 허락되지 않자, 그는 부하들에게 명

덕수궁 중화전
중화전은 덕수궁의 중심 건물로 임금님이 하례(賀禮)를 받거나 국가 행사를 거행하던 곳이다. 19세기 말에서 20세기 초 궁궐 건축을 연구하는 중요한 자료가 되고 있다. 보물 819호.

령을 내렸어요.

"적이 궁을 빠져나갈 때까지 기다린다. 내 명령 없이는 절대 포격하지 말라!"

그의 현명한 선택으로 덕수궁은 보존되었어요. 그 뒤 40여 년이 지난 1996년 한국 정부는 해밀턴에게 감사패를 전달하였어요.

"그날 내렸던 판단과 행동은 내 인생에서 가장 잊을 수 없는 일이다."

감사패를 받으며 그가 남긴 말이에요. 해밀턴은 1998년 8월 1일 세상을 떠났으며, 그의 묘비에는 '코리아'가 새겨졌어요.

제7장
합천 해인사 대장경판
빨간 마후라가 남긴 위대한 선물

합천 해인사 대장경판
해인사 팔만대장경은 몽골의 침입을 부처님의 힘으로 막기 위하여 만든 것이다. 경판 수가 8만 1,258판이나 되어 팔만대장경이라고 한다. 경판 크기는 세로 24cm, 가로 69.6cm, 두께 2.6~3.9cm이며, 무게는 3~4kg이 나간다. 재료는 남해에서 나는 후박나무이다. 국보 32호. 2007년 유네스코 세계문화유산으로 지정되었다.

해인사 팔만대장경
"해인사를 폭격하라!"

따르릉, 따르르르릉~.

1951년 8월 중순 경남 사천의 한 공군부대 작전실에 전화벨이 요란하게 울려댔어요.

"해인사에 공군 지원을 바랍니다."

산청경찰서에서 온 전화였어요. 인민군 수백 명이 모여 있으니 폭격기를 출격해달라는 것이었어요. 작전참모 장지량 중령은 즉시 미군사령부에 보고하였고, 미군사령부는 폭격 명령을 내렸어요. 그는 편대장 김영환 대령에게 명령을 전달하였어요.

"하지만 해인사에는 팔만대장경이 있습니다."

명령을 전하는 장 중령의 마음은 착잡하였어요.

"어찌하면 좋겠소?"

"적들은 식량 때문에 해인사에 들어간 것이니 곧 나올 겁니다. 그때 출격하는 것이 어떻겠습니까?"

둘은 시간을 끌어보기로 하였어요. 얼마 뒤 미군 장교가 김영환에게 따졌어요.

"아니 왜 출격하지 않는 것이오?"

"해인사에는 우리나라의 보물이 있습니다. 적들이 나온 뒤……."

김영환의 말이 끝나기도 전에 미군 장교는 삿대질해댔어요.

"뭐요? 당신! 이건 명령 불복종이야!"

"뭐라고? 누가 출격하지 않는다고 했소, 대위가 감히!"

김영환도 가만히 있지 않았어요. 주먹다짐까지 하며 한참 다툰 뒤 그는 창밖을 보았어요. 해가 제법 서쪽으로 기울어졌어요.

"알았소. 출격하겠소."

일몰 시각을 넘기면 폭탄을 투하하지 않아도 되므로 출격을 결정한 것이었어요.

곧 미군 정찰기를 따라 네 대의 폭격기가 출격하였어요. 멀리 가야산이 시야에 들어오자 김영환은 아, 하며 아쉬워하였어요. 곧 질 것처럼 보이던 태양은 폭격기 위에서 여전히 빛나고 있었어요. 명령을 받으면 어쩔 수 없이 폭탄을 떨어뜨려야 해요. 정찰기는 해인사 경내에 연막탄을 투하한 뒤 김영환에게 명령을 내렸어요.

"해인사를 폭격하라!"

하얀 연기에 휩싸인 해인사 건물들이 한눈에 들어왔어요. 수백 년 된 우리의 문화재들, 그리고 그 안에는 팔만대장경이 있었어요. 그는 부하들에게 명령하였어요.

"누구든 내 명령 없이는 폭탄을 투하하지 마라."

그리고 폭격기들을 이끌고 해인사 상공을 한 바퀴 크게 돌았어요.

"편대장, 지금 무엇을 하고 있는가? 반복한다! 폭격하라!"

미군 정찰기에서는 독촉하였어요. 하지만 이미 주사위는 던져진 것, 김영환은 보물을 폭파하느니 명령 불복종으로 죽는 것이 낫겠다 싶었어요. 그는 명령을 내렸어요.

"돌아간다."

"전쟁 중 명령을 어겼으니 총살감이오!"

다음 날 미군 사령관은 이승만 대통령에게 항의하였어요.

"어찌 그런 일이? 좋소. 그자를 포살시키겠소."

총이 아니라 대포로 쏘아 죽이겠다는 것이에요.

그 소식을 들은 김정렬 공군참모총장은 즉시 비행기를 몰고 김영환을 찾아갔어요. 김정렬은 김영환의 친형으로 아우를 구하러 간 것이에요.

"팔만대장경은 우리의 보물입니다. 그것을 지키고 죽는다면 영광이지요."

김영환은 그렇게 말하고 자신이 계획한 바를 밝혔어요. 적들은 곧 흩어질 것이고 그때 다시 출격한다는 것이에요.

"좋아. 꼭 성공해야 해."

김정렬은 기다리겠다고 하였어요.

며칠 뒤 인민군들이 움직인다는 정보가 전해졌고, 김영환은 편대를 이끌고 출격하였어요. 인민군들은 해인사에서 나와 가야산 중턱에 모여있었어요. 이번 작전이 실패한다면 죽음을 면할 수는 없었어요.

"폭격하라!"

김영환은 부하들에게 명령을 내렸어요. 적들은 사방을 흩어졌고, 결국 경찰과 국군에 의하여 모두 소탕되었어요. 김정렬은 그 사실을 대통령에게 보고하였고 대통령은 김영환 대령을 포살하라는 명령을 취소하였어요. 그렇지만 미군사령부는 김영환 대령을 불러 심문하였어요.

"명령을 어긴 이유는 무엇인가?"

미군 고문관(어떤 일을 바르게 처리하려고, 그 방면의 전문적인 의견을 말하는 관리)이 물었어요.

"영국인은 셰익스피어를 인도와도 바꿀 수 없다고 하였다. 그것처럼 우리에게 해인사 팔만대장경은 인도와도 바꿀 수 없는 보물이다. 우리의 보물을 잿더미로 만들 수는 없었다."

그의 말이 끝나자 고문관이 말하였어요.

"그대와 같은 장교를 둔 것은 대한민국의 행운입니다."

760여 년간 기적처럼 보존된 보물
팔만대장경을 훔쳐가려던 일본

팔만대장경은 1251년 강화도에서 완성된 뒤 기적의 길을 걸어왔어요. 760여 년 동안 숱한 위기를 겪었음에도 완벽하게 보존되었으니까요. 아마도 팔만대장경에는 특별한 그 무엇이 있기 때문은 아닐까요?

"부처님께 고합니다. 몽골군의 잔인함은 이루 말할 수가 없나이다. 이보다 더한 어둠이 어디 있으며, 이보다 더한 금수가 어디 있습니까? 부디 부처님의 힘으로 추악한 무리를 쫓아내 주시옵소서. 우리나라가 영원무궁하도록 돌봐 주십시오."

1236년 고려 고종이 팔만대장경을 만들기 시작하며 부처님께 올린 기원문을 보면 호국 정신과 애국심이 깃들어있어요.

조선 초인 1398년 팔만대장경은 한양 근처 지천사로 옮겼다가 곧 해인

합천 해인사 대장경판

사로 옮겨졌어요. 해인사는 예로부터 삼재 즉, 물과 불, 바람에 의한 재앙을 입지 않는 곳으로 유명해요. 하지만 소실될 위기는 여러 번 겪었어요.

특히 일본은 조선 초부터 사신을 파견하여 팔만대장경을 가져가려고 하였어요.

"조선은 유교를 숭상하고 불교를 멀리합니다. 허나 우리 일본은 불교를 숭상하니 팔만대장경을 주십시오."

그렇게 생떼를 썼고, 급기야 훔쳐가려고도 하였어요. 당시 일본을 달래려고 찔끔찔끔 몇 개를 주었는데, 일본의 몇몇 사찰에 보물로 전해지고 있어요. 일본이 계속 팔만대장경을 요구하자 세종대왕은 신하들에게 의견을 물었어요.

"대장경이 한양에서 너무 멀리 있어 그런 일이 생기는 것은 아닌가. 도성에서 가까운 절로 옮기는 방안을 논의하라."

그러나 경비 문제 등으로 옮기지는 않았어요.

임진왜란은 더욱 큰 위기였어요. 해인사는 왜군의 침입 경로와 가까운 데에 있었기 때문이지요. 하지만 해인사 주변은 첩첩산중이었고 곽재우와 정인홍 등이 이끄는 의병과 소암 대사 등 승병들이 목숨을 걸고 방어하여 왜군이 들어오지 못하였어요.

1695년부터 1871년까지는 일곱 차례나 큰불이 났는데, 불이 날 때마다 팔만대장경을 보관하는 장경판전만은 피해를 보지 않았어요. 그 뒤 찾아온 최대 위기가 바로 6·25전쟁이었고 김영환 대령이 목숨을 걸고 지켜낸 것이에요.

김영환 대령은 6·25전쟁 때 숱한 공을 세웠으나 1954년 3월 5일 동해 상공을 비행하던 중 실종되었어요. 그의 나이 겨우 34세, 짧은 생애를 살았지만 우리에게 너무도 커다란 선물을 남겼어요. 팔만대장경과 장경판전은 국보 32호와 유네스코 세계문화유산으로 등록되어 우리 민족의 우수성을 세계에 널리 알렸어요.

김영환은 또한 공군의 상징인 빨간 마후라를 가장 먼저 두른 사람으로도 잘 알려져있어요. 형수의 빨간 치마에서 힌트를 얻어서 두른 것이 유행하여 공군 하면 흔히 빨간 마후라로 부르게 되었어요.

먼저 세계문화유산으로 지정된
장경판전의 놀라운 비밀

불교가 널리 성행하던 시대에는 갖가지 불경을 모아서 대장경을 만드는 것이 가장 중요한 일이었어요. 부처님의 힘으로 나라를 지키고 부강하게 하자는 뜻이에요. 고려도 1087년에 첫 대장경을 완성하였는데, 이를 처음 만든 대장경이라고 하여 초조대장경으로 해요.

대구 부인사에 있던 초조대장경이 1232년 몽골 침입으로 소실되자 다시 만든 것이 바로 팔만대장경이에요. 다시 만든 것이라고 해서 재조대장경이라고도 하고, 고려 때 만든 것이라고 하여 고려대장경이라고도 불러요.

경판이 8만 개가 넘으니 경전의 양도 어마어마하지요. 페이지만 해도 16만 페이지가 넘어요. 그런데도 오자나 탈자가 거의 없어 당시 우리나라의 인쇄술이 얼마나 뛰어난지를 알 수 있지요. 내용 또한 충실하고 방대하여 훗날 만들어진 여러 나라 대장경의 표본이 되었어요.
　　해인사 장경판전 역시 놀라운 유적이에요. 긴 건물 두 채가 중심을 이루고 작은 건물 두 채를 서로 마주 보게 배치하였는데, 구조는 단순하지만 창을 아래와 위에 절묘하게 배치하여 공기가 자연스럽게 순환되어 안의 경판들이 완벽하게 보존되었어요.
　　1970년대 초 장경판전이 너무 낡아서 콘크리트 건물로 바꾸려고 하였어요. 전문가를 대거 동원하여 새 건물을 완성하고 시험을 해보았어요. 그러나 얼마 못 가 여기저기 습기가 차는 등의 문제가 발생하여 원래의 장경판전을 수리하는 것으로 마무리하였지요. 현대 과학으로도 짓기 어려운 우리 조상들의 놀라운 지혜가 담긴 건축물임을 알 수 있어요.
　　장경판전은 1997년 유네스코 지정 세계문화유산으로 등록되었고, 팔만대장경도 10년 뒤인 2007년에 해인사 소재 다른 경판과 함께 세계기록유산으로 등록되었어요.

합천 해인사 장경판전
해인사에 딸린 건물의 하나이다. 조선 초기에 세워져 오랜 세월에 낡아진 것을 광해군 14년(1622)에 중수하였다. 고려대장경의 판전으로 유명하다. 국보 52호.

더 깊이 생각해봅시다

① 합천 해인사 대장경판 (국보 32호)은 고려 시대에 간행되었다고 해서 고려대장경이라고도 하고, 판수가 8만여 개에 달하고 8만 4천 번뇌에 해당하는 8만 4천 법문을 실었다고 하여 팔만대장경이라고도 부릅니다. 다른 이름으로 '재조대장경' 이라고도 하는데, 이렇게 부르는 이유는 무엇일까요?

해인사 전경

② 세종대왕은 팔만대장경을 왜 도성 가까운 절로 옮기려 했을까요?

③ 합천 해인사 장경판전(국보 52호)은 고려 시대에 만든 대장경판 8만여 장을 보관하고 있는 건물입니다. 처음 지은 연대는 정확히 모르지만, 조선 세조 3년(1457)에 크게 다시 지었고, 성종 19년(1488)에 학조 대사가 왕실의 후원으로 다시 지어 '보안당'이라고 했다는 기록이 있습니다. 1995년 12월 유네스코 세계문화유산으로 등재되었는데, 장경판전이 높이 평가받는 이유는 무엇일까요?

빨치산 토벌대장이 흘린 뜨거운 눈물

1951년 6월, 빨치산 토벌대장 차일혁 총경은 100여 명의 대원을 이끌고 지리산으로 출동하였어요. 이현상이 이끄는 빨치산을 소탕하기 위해서예요. 빨치산들은 낮에는 산속에 숨었다가 밤이면 마을로 내려와 우리 군과 경찰서를 습격했어요.

토벌대가 화엄사에 이르자 무전기에서 명령이 하달되었어요.

"화엄사를 소각하라."

빨치산의 은신처로 이용되고 있으니 불을 지르라는 것이었어요. 하지만 차일혁은 명령을 따를 수 없었어요. 그는 이미 내장사가 불에 타는 것을 목격하고 며칠 밤 잠을 이루지 못하고 있었어요. 소중한 문화재들이 눈앞에서 잿더미로 변하는 것을 보고도 막지 못했기 때문이에요.

그는 부하들을 법당 마당에 모이게 하였어요.

"절을 태우는 데는 한나절이면 족하지만, 절을 세우는 데는 천년이 넘는 세월로도 부족하다. 저 문짝을 떼어오라."

법당 문짝을 가리켰어요. 부하들이 문짝을 떼어오자 불을 붙였어요.

"명령을 어길 수는 없는 일이다. 이것으로 대신한다."

이후 차일혁은 빨치산을 끝까지 추적하였어요. 빨치산을 쫓으며 천은사와 쌍계사 등 지리산의 여러 절을 화엄사처럼 지켰어요.

그러던 1953년 9월 마침내 그는 최후의 빨치산 이현상을 사살하였어요. 대원들은 모두 기쁨의 함성을 질렀지만, 차일혁은 눈물을 흘렸어요. 독립군으로 만주에서 일제에 맞서 싸우던 때가 머릿속을 스쳐 지나갔어요.

'그런 우리들이 서로의 가슴에 총부리를 겨누었던가.'

차일혁은 그때의 마음을 이렇게 남겼어요.

이 땅의 평화를 기원하며

이른 아침에 들판에 나가
일하는 농부에게 물어보라.

공산주의가 무엇이며
자본주의가 무엇인지 아는 사람이
몇 명이나 있겠는지?

지리산 싸움에서 죽은
군경이나 빨치산에게 물어보라

공산주의를 위해 죽었다

민주주의를 위해 죽었다고 할 사람이

과연 몇 명이나 있겠는가?

그들은 왜 죽었는지

영문도 모른다고 할 사람이

태반일 것이다.

이 싸움은 어쩔 수 없이 하지만

후에 세월이 가면

다 밝혀질 것이다.

미국과 소련

두 강대국 사이에 끼어 벌어진

부질없는 골육상쟁

동족상잔이었다고……

  －서남지구 전투경찰대 제2연대장 총경 차일혁(1920~1958)

제8장
겸재정선화첩
수도원에 잠자던 전설의 그림

겸재정선화첩에 들어있는 금강내산전도
비단에 엷은 색, 가로 54.3cm, 세로 33cm

겸재정선화첩
정선의 그림 21점을 모은 것으로 진경산수화가 13점, 고사화는 8점이다. 진경산수화란 우리나라 산천을 사실적으로 그린 그림이다. 겸재정선화첩은 한꺼번에 그린 것이 아니라 서로 다른 시기에 그린 것을 묶었는데, 그림 크기가 약간씩 다르고 색 농도도 조금씩 차이가 난다.

겸재정선화첩
이역만리에서 만난 정선의 그림

"창조주의 위대함이 내 마음에 깃들고 눈은 거역할 수 없는 영광스러운 힘에 압도되는구나."

1925년 조선에 온 노르베르트 베버 신부는 금강산의 아름다운 절경에 넋을 잃었어요. 1911년에 이어 두 번째 방문, 그는 조선을 사랑할 수밖에 없었어요. 자연은 아름다웠고 풍습과 문화는 정겨웠어요. 하지만 10여 년 사이에 조선은 너무도 많이 변했어요.

"나라를 잃으니 문화도 사라지는구나."

베버는 조선의 문화를 구하기로 하였어요. 그는 선교 활동을 하며 조선의 골동품과 민속품을 사 모았어요. 한복도 구했고 금강산이 그려진 화첩도 구하였어요. 조선의 곳곳을 다니며 결혼과 제사 등 아름다운 풍습을 사진으로 담았고, 당시에는 희귀하던 영상 촬영 장비까지 구하여 영상도 찍었어요. 독일로 돌아간 그는 『금강산에서』라는 책에 자신이 보고 느낀 조선의 아름다움을 담았어요.

그 책은 1974년 우연히 한 한국 유학생 앞에 펼쳐졌어요.

"어? 이게 뭐야?"

책장을 넘겨보던 유준영은 양 페이지에 펼쳐진 그림을 보고 깜짝 놀랐어요. 그것은 분명 조선 후기 산수화의 대가 정선의 금강산 그림이었어요. '오틸리엔수도원에 기증하였다.'라는 사진 설명이 그를 더욱 놀라게 하였어요. 광부로 독일에 온 지 어언 10년, 석탄을 캐며 번 돈으로 대학에서 동양미술사학을 전공하고 있었기에 정선의 그림이라는 것을 단번에 알 수 있었어요.

얼마 뒤 유준영은 뮌헨 근처의 한적한 시골에 위치한 오틸리엔수도원을 찾아갔어요.

"한국 그림을 보러 왔습니다."

찾아온 목적을 말하자 수도원 관계자는 지하실로 안내하였어요.

"아시아와 아프리카의 유물을 보관하는 곳입니다. 직접 찾아보세요."

관계자는 열쇠를 건네주고는 사라졌어요.

유준영은 가슴이 두근거렸어요. 정선의 그림을 이역만리 독일의 한 수도원에서 만날 줄은 상상도 못 했던 일이에요.

"아, 이럴 수가!"

마침내 지하실 한구석에서 그림책을 발견한 그는 입을 다물 수가 없었어요. 화첩은 마치 오래된 무덤에서 꺼낸 듯 먼지가 켜켜이 쌓여있었고 벌레까지 슬어 얼룩덜룩했어요. 그는 후후, 하며 먼지를 털어낸 뒤 손수건을 꺼내어 얼룩을 닦았어요.

그림은 모두 21점이었어요. 한 장 한 장 사진을 찍는 동안 왠지 모를 눈물이 났어요. 우리나라에 있다면 보물로 대접받을 터인데 그곳에서 썩고 있었으니까요.

유준영은 착잡한 표정을 지으며 그곳을 나왔어요. 정선의 그림을 찾아낸 것은 기쁜 일이었지만 이역만리 타향에서 푸대접을 받는 것이 안타까웠던 것이에요.

"베버 신부님이 원하던 것은 이게 아닐 거야."

유준영은 1976년 귀국하여 정선의 그림이 독일의 한 수도원 창고에 잠들어있다고 세상에 알렸어요. 하지만 그는 그 그림이 우리나라로 돌아올 것이라고는 생각하지 못했어요.

성 베네딕트회 왜관수도원 선지훈 신부
80년 만에 귀환한 겸재정선화첩

　10여 년이 흐른 1991년 또 한 명의 한국 유학생이 오틸리엔수도원을 찾아왔어요. 왜관수도원 선지훈 신부가 뮌헨으로 유학을 와 오틸리엔수도원을 숙소로 정한 것이에요.

　"여기 한국 그림이 있는데 보시겠습니까?"

　어느 날 한 수도사는 그를 지하실로 데려갔어요. 그곳에서 정선의 화첩을 본 순간 선지훈 신부는 머리가 텅 비는 것 같았어요. 그 텅 빈 머릿속으로 금강산 일만 이천 봉이 천천히 들어왔어요.

　"이것이 왜 여기에 있지요?"

　선지훈은 궁금해 물었어요. 수도사로부터 자초지종을 듣고 나서야 베버 신부가 기증했음을 알았어요. 순간 그는 그림을 한국으로 가져올 수도 있겠다는 생각이 들었어요. 베버는 바로 선지훈이 소속된 왜관수도원과 같은 베네딕도회 신부였기 때문이에요.

그는 대학에서 함께 공부하는 슈뢰더에게 말했어요.

"여보게, 그 그림은 한국으로 돌아가야 해. 우리나라에서는 대단한 보물이거든."

"나도 동감하네. 하지만 우리 수도원에서는 한 번도 그런 적이 없어."

슈뢰더는 그렇게 말하고 일전에 그림이 사라질 뻔한 일화를 들려주었어요. 몇 년 전 한 수녀가 화첩이 많이 상한 것을 보고 보존 처리를 한다며 밖으로 가져갔어요. 그런데 연구실에 불이 났고 화첩은 가까스로 구해냈어요.

"그래서 더욱 조심스러워 한다네."

선지훈은 그 뒤로도 몇 번이나 그림이 한국으로 돌아가야 한다고 말하였어요. 하지만 끝내 반환을 이루지는 못하고 1996년 귀국하였어요.

간절하게 소망하면 언젠가는 이루어지는 것일까요. 몇 년 뒤 슈뢰더가 오틸리엔 수도원의 수도원장으로 취임한다는 소식이 들려왔어요. 선지훈은 그에게 전화를 걸었어요.

"축하하네. 그런데 이제 그 그림은 돌려주게나."

"원장이라고 해서 마음대로 결정할 수 있는 문제는 아니야."

슈뢰더는 슬쩍 말을 돌렸어요.

그런데 여기에는 놀라운 비밀이 숨겨져 있었어요. 슈뢰더가 수도원장이 되기 바로 전, 미국 덴버미술관의 한 학예사가 정선의 화첩을 보고는 '숨이 막힐 것 같은 걸작'이라며 세상에 알렸고, 세계의 유명 미술관들이 구매하려고 나섰어요. 뉴욕 크리스티 경매장에서는 수도원에 이런 제안도 하였어요.

"정선 화첩은 50억 원은 받을 수 있답니다. 경매에 내놓으시기 바랍니다."

이를 알아낸 선지훈 신부는 화가 났어요. 그는 슈뢰더에게 항의 전화를 하였어요.

"성직자들이 다른 나라의 유물을 팔아서 돈을 벌려고 하는가? 하늘에 계신 베버 신부가 과연 그것을 원할까?"

선 신부는 왜관수도원 이름으로 편지도 썼어요.

"2009년은 베네딕도회가 한국에 진출한 지 100주년이 되는 해입니다. 이에 맞춰 정선의 화첩을 한국의 베네딕도회로 반환한다면 큰 의미가 있을 것입니다."

계속된 선지훈 신부의 반환 요구에 슈뢰더는 12명의 장로를 소집하여 정선의 화첩에 대한 회의를 열었어요. 그 결과는 곧 선 신부에게 전달되었어요.

"우리는 이 화첩이 세상 어느 곳보다 한국에서 더 사랑받고 더 높게 평가받을 것을 압니다. 따라서 한국으로 반환하기로 하였습니다."

2005년 10월 선지훈 신부는 독일로 날아갔어요. 그리고 돌아올 때 그의 손에는 그토록 기다리던 정선의 화첩이 들려있었어요. 베버가 수집해 간 지 80년 만에 고향으로 돌아오는 것이에요.

화첩은 왜관수도원으로 옮겨졌고 2009년 일반인에게 공개되었어요. 정선 서거 250주년을 맞아 국립중앙박물관에서 특별 전시되었으며 2013년에는 '겸재정선화첩'으로 인쇄되었어요. 또 학술 대회도 열렸어요.

겸재정선화첩은 약탈되었던 문화재는 아니에요. 그런데도 제자리로 돌아온 것은 세계 문화재 반환 역사에 새로운 이정표를 세운 것이지요. 그런데 그림을 수집해갔던 베버 신부의 말을 생각한다면 너무나 당연한 반환이었어요.

"일본 제국주의에 조선의 아름다운 풍속과 문화가 사라지고 있다. 나는 그것을 구하려 한다."

그가 구한 것을 후대 사람들이 본래의 자리에 되돌려놓은 것이에요.

독일에는 아직도 1만 점이 넘는 우리 문화재가 숨어있어요. 일본, 미국에 이어 세 번째로 많은 양이지요. 다음에는 무엇이 우리나라로 돌아올지 궁금해지네요.

인물 소개

정선(1676~1759)
우리나라 최고의 진경산수화 화가로 많은 작품을 남겼다. 삼성미술관 리움에 있는 금강전도는 국보 217호로 지정된 최고의 작품이다.

정선의 금강전도

> 더 깊이 생각해봅시다

❶ 진경산수화란 무엇일까요?

인왕제색도(삼성미술관 리움 소장)
겸재 정선의 진경산수화 대표작이다. 비온 뒤 인왕산을 그린 그림, 가로 138cm, 세로 79.2cm이다. 국보 216호.

❷ 1925년 조선에 온 독일인 신부 노르베르트 베버는 왜 조선의 골동품과 민속품을 사 모았나요?

❸ 겸재정선화첩은 약탈당한 문화재가 아닙니다. 그러한 문화재가 다시 한국으로 돌아올 수 있었던 이유는 무엇일까요?

수월관음도를 찾아온 기업인 윤동한

"수월관음도는 고려 불교 미술의 걸작으로 세계 곳곳에 여러 점 전해집니다. 하지만 한국의 박물관에서는 구경할 수 없지요."

2009년 프랑스 파리의 한 미술관을 관람하던 한국콜마 윤동한 회장은 큐레이터의 설명에 속이 상했어요. 외국에서는 쉽게 볼 수 있는 우리 문화재를 정작 우리나라에서는 보기가 어렵다고 하니 자존심이 상한 것이에요.

"그렇다면 나라도 구해야겠어."

윤동한 회장은 그 뒤 7년간 수월관음도를 찾아 헤매었어요. 그 결과 2016년 초 일본의 한 소장가를 만났고, 여러 차례 설득한 끝에 손에 넣을 수 있었어요.

"이번에 가져오지 못하면 다시는 한국 땅을 못 밟을 것 같았습니다."

수월관음도를 가져오며 그가 한 말이에요.

윤동한은 기업가이지만 역사 지킴이로도 유명해요. 신입 사원 시험에 한국사 능력 검정시험 점수를 반영하며, 신입 사원 교육은 아예 역사 교육이라고 할 만하지요. 특히 교육 마지막 날에는 이순신 장군의 해전 루트를 따라 답사 여행을 하는 것으로 마무리하기도 했어요. 임직원 또한 지리산 둘레길

수월관음도(국립중앙박물관 소장)
고려 14세기, 비단에 색, 가로 63cm, 세로 172cm이다. 윤동한 기증작.

걷기 등 역사 탐방을 자주 하고 있어요.

그가 역사를 특히 강조하는 것은 어릴 적 꿈이 역사학자였기도 하지만 한국인이라면 한국의 역사를 몰라서는 안 된다는 생각 때문이에요. 그리고 자신의 삶에 비추어볼 때 역사 인식이 제대로 되어있으면 직장 생활도 잘 한다고 믿었기 때문이에요.

적외선 사진으로 본 수월관음도

수월관음도를 사들인 뒤 그는 곧바로 국립중앙박물관에 기증하였어요. 이제 우리나라에서도 고려의 걸작을 박물관에서 볼 수 있게 된 것이지요.

제9장
백지묵서 묘법연화경
돈보다 문화재를 번 개성상인

백지묵서 묘법연화경(호림박물관 소장)
7권 7책으로 이루어진 필사본 불경으로 하얀 종이에 써서 '백지묵서'라는 명칭이 붙는다. 각 권은 병풍처럼 펼쳐서 볼 수 있는 형태이며, 표지에는 금색과 은색의 화려한 꽃무늬가 장식되어있다. 고려 때 제작된 것이나 책 끝에 1443년 일본으로 유출되었다는 기록이 있다. 접었을 때의 크기는 세로 31.8㎝, 가로 10.9㎝이다. 국보 211호.

박물관에서 온
손님

똑똑.

1969년 가을 어느 날, 한 남자가 윤장섭의 사무실 문을 두드렸어요.

"들어오세요. 열려있습니다."

그는 평소처럼 말하였어요. 사업이 잘되어 그의 회사에는 하루에도 수십 명이 드나들 때였어요.

"안녕하세요?"

바바리코트에 중절모, 들어온 남자는 한눈에 봐도 거래처 사람은 아닌 듯했어요.

"누구신지……."

윤장섭은 들여다보던 서류에서 눈을 떼며 물었어요.

"박물관에서 왔습니다."

"그래요? 거기 앉으시죠."

윤장섭은 사무실 가운데에 있는 탁자를 가리켰어요.

'도대체 왜?'

윤장섭은 더욱 궁금해졌어요. 그는 평생 사업하며 살아왔어요. 학교도 상고와 상대를 나왔고, 젊은 시절에 사업에 뛰어들어 열심히 달려왔어요. 그런데 자신과는 아무 상관이 없는 박물관에서 왔다는 것이에요.

"고향이 개성이라고 들었습니다. 저도 개성 출신으로 최순우라고 합니다."

남자의 말에 윤장섭은 불쑥 손을 내밀었어요.

"아이고, 반갑습니다."

고향 친구를 몇십 년 만에 만난 듯 웃음이 절로 나왔어요. 이런저런 고향 이야기를 나누다 최순우가 찾아온 목적을 꺼냈어요.

"고미술 월간지를 후원해주십시오."

"고미술이요? 제가 뭐 아는 게 있어야지요?"

"차차 좋아하실 겁니다."

결국 그는 후원을 약속하였어요. 그런데 그것이 훗날 우리나라 3대 사립 미술관을 세우게 되는 첫걸음이라는 것은 그때 몰랐어요.

최순우는 매달 잡지를 보내왔고, 가끔 찾아오기도 하였어요. 덕분에 윤장섭은 고미술품에 관심이 점점 높아졌어요.

그러던 어느 날, 최순우가 어두운 얼굴로 말하였어요.

"문화재가 외국으로 유출되어 걱정입니다."

"유출요? 그건 옛날이야기 아닌가요?"

윤장섭은 일제강점기 때 일본인들이 우리 문화재를 마구 가져간 것쯤은 알고 있었어요.

"요즘도 많아요. 외국에 팔면 큰돈을 버니까. 게다가……."

최순우는 잠시 말을 끊더니 우울한 목소리로 말했어요.

"도굴범도 많아졌어요."

"네?"

윤장섭은 놀라고 말았어요.

"나라에서 막지 못하나요?"

"노력하고 있습니다만 예산이 부족해 힘이 달립니다. 문화재가 외국으로 나가는 것을 막는 것도 애국인데……."

최순우는 말끝을 흐렸어요.

윤장섭은 그날 밤 잠을 제대로 이루지 못하였어요. 해방된 게 언제인데 아직도 문화재만큼은 해방되지 않은 것 같았어요. 문화재를 지키는 것이 애국이라는 최순우의 말이 귓가에 계속 맴돌았어요.

국보급 불경을 구해오다
경영도 원칙대로, 유물 수집도 원칙대로

얼마 뒤 윤장섭은 고려청자 한 점을 구매하였어요. '청자상감 유로연죽문 표형주자'라는 긴 이름을 가진 청자예요.

'내가 지금 무엇을 한 것이지?'

손에 든 청자를 보며 자신에게 물어보았어요. 사업하면서 그는 종이 한 장도 아까워서 함부로 버리지 못했고, 출퇴근할 때는 항상 버스를 탔어요. 그의 꿈은 조선을 주름잡던 개성상인이 되는 것이었어요. 그런데 도자기 하나에 집 한 채 값을 덜컥 쓰고 온 것이에요. 그러나 왠지 아깝지는 않았어요. 오히려 다음번에는 무엇이 기다릴지 기대가 되었어요.

무슨 일이든 처음은 어렵지만 시작하면 쉬워지는 법, 그래서 시작이 반이라는 속담이 있어요. 윤장섭은 어디에 좋은 물건이 나온다면 달려갔고,

백지묵서묘법연화경 권1의 변상도
변상도는 책 내용을 요약하여 그린 그림이다.

경매장에도 종종 갔어요. 1971년에는 일본으로 원정도 갔어요.

"돌아가신 부친께서 꼭 고국으로 보내라고 하셨죠."

판매자는 재일교포였고, 유물은 세종대왕 때 일본으로 유출되었을 것으로 보이는 불경이었어요.

"국보급입니다. 돈이 문제가 아니에요."

동행한 황수영 박사의 말에 유물을 사들였어요. 오늘날 국보 211호로 지정된 『백지묵서 묘법연화경』이 그것이에요.

윤장섭은 물건을 구매할 때면 고미술품 전문가들에게 조언을 구하였어요. 그중 최순우와 황수영, 진홍섭 등 세 명은 모두 개성 출신이라서 학계에서는 '개성삼걸'이라고 불렀어요. 1974년 1월 그는 최순우에게 도자기 세 점에 대한 감정을 의뢰하였어요.

품평을 앙망하나이다.
① 백자상감 모란문병: 200만 원
② 분청사기 철화엽문병: 250만 원
③ 자라병: 비싼 값을 부르는데 혹 모조품은 아닌지요.

이에 최순우는 '2번은 값을 좀 조절하더라도 놓치지 마세요. 나머지는 별것 아닙니다.'라는 소견을 보내왔어요.
윤장섭은 또 자신만의 원칙도 정하였어요.
첫째, 아무리 좋은 물건이라도 형편에 맞지 않으면 깨끗이 포기한다.
둘째, 좋은 물건 앞에서는 천금을 아끼지 않는다.
셋째, 탐나는 것이라도 도난, 도굴이 의심스러우면 거래하지 않는다.
넷째, 투자 가치보다는 후세에 남길 만한 것인가를 먼저 따진다.

1974년 수집한 조선백자는 그런 원칙으로 구매한 것이에요.
"중국 것과는 달리 우리 조선의 멋이 담겨 있으니 꼭 사들여야 합니다."

백자 청화매죽문 유개항아리(호림박물관 소장)
조선 15세기, 전체 높이 29.2cm, 입지름 10.8cm, 밑지름 14.0cm, 국보 222호.

최순우의 조언으로 진품임을 확인한 뒤 거금 4,000만 원을 주고 샀어요. 당시 서울에서 집 한 채가 100~200만 원 하였으니 엄청난 돈이에요. 현재 국보 222호로 지정된 백자 청화매죽문 유개항아리가 그것이에요.

그렇게 문화재를 수집하기를 10여 년, 윤장섭은 어느덧 1만 점이 넘는 대 수장가가 되었어요. 거의 매일 1점씩 산 셈이에요.

그렇다고 회사 경영을 게을리한 것은 아니에요. 그는 사업에도 원칙을 정하고 지켰어요. '사업을 무리하게 확장하거나 기업 인수 또는 매매는 하지 않는다. 홍보나 마케팅에 쏟아부을 돈이 있으면 문화재를 산다.' 등 실속을 추구하는 개성상인의 철학이 원칙에 담겨있어요. 그 때문에 사업도 더욱 번창하였어요.

박물관 세우고 전 재산 기증
문화재는 개인의 것이 아니다

1982년 윤장섭은 서울 대치동에 호림박물관을 세웠어요. 그리고 1999년에는 신림동에 새 박물관을 지었고, 2009년에는 신사동에 분관도 지었어요.

보통 수집가라면 가장 아끼는 것은 자신이 소장하는 경우가 많아요. 그러나 윤장섭은 유물을 전시할 직원에게 "안사람이 보기 전에 저것부터 챙기게나."라며 가장 아끼는 것부터 가져가라고 하였어요. 좋은 물건일수록 먼저 박물관에 보내야 한다고 생각한 것이에요.

그는 90세가 넘었음에도 여전히 버스나 지하철을 탔고, 옷차림도 수수하게 차려입어 동네의 인상 좋으신 할아버지 같았어요. 하지만 세월은 누구도 이길 수는 없는 것, 2016년 5월 15일 95세의 일기로 세상을 떠났어요.

세상을 뜨기 전 자신 명의의 부동산과 유가증권 등을 박물관에 모두 기증하였어요. 자신이 없는 후대에도 박물관이 계속 유지되도록 한 것이에요.

"내가 무덤으로 가져갈 것도 아니니 하나도 섭섭하지 않다."

그가 남긴 마지막 말이에요.

금동탄생불(호림박물관 소장)
삼국 6세기, 높이 22.0cm, 보물 808호.

호림박물관에는 국보 8점, 보물 50여 점을 비롯해 토기와 도자기, 회화, 전적, 금속공예 등 그가 수집한 유물 1만 5,000점이 소장되어있어요. 호림박물관은 전형필의 간송미술관, 이병철의 리움미술관과 함께 우리나라 3대 미술관으로 손꼽히고 있지요. 그는 평생 사업을 하며 많은 돈을 벌었지만, 그가 남긴 것은 돈이 아니라 우리 문화재였어요.

주요 소장품
- 분청사기 박쥐연어문 편병(국보 179호)
- 백지묵서 묘법연화경(국보 211호)
- 청화백자 매죽문호(국보 222호)
- 초조본 대방광불화엄경 권2, 75(국보 266호)
- 초조본 아비달마식신족론 권12(국보 267호)
- 초조본 아비담비파사론 권11, 17(국보 268호)
- 초조본 불설불공삼매대교왕경 권6(국보 269호)
- 백자주자(有蓋)(국보 281호)
- 백자상감모란문병(보물 807호)
- 금동탄생불(보물 808호)
- 분청사기철화당초문장군(보물 1062호)
- 청자표형주자(보물 1540호)

> **더 깊이 생각해봅시다**

❶ 어느 날 찾아온 손님 때문에 시작된 문화재 수집의 길, 사업가 윤장섭이 내세운 문화재 수집 원칙은 무엇인가요? 윤장섭이 이런 수집 원칙을 만든 까닭은 생각해봅시다.

❷ 불교 경전을 베껴 쓴 사경은 고려 시대에 전성기를 맞습니다. 이웃 나라들이 사경 전문가를 초청할 정도로 꽃을 피우던 사경 문화가 고려 후반에 한순간에 쇠퇴한 까닭은 무엇입니까?

상지은니묘법연화경(국립중앙박물관 소장)
고려 공민왕 22년인 1373년 제작. 갈색 종이에 은선묘. 7권 7첩의 완질본. 가로 31.3cm 세로 11.7cm.

❸ 고려 사경이 일본에 전래하는 이유는 무엇일까요?

영어 참고서로 문화재를 지킨 송성문

"아니, 저게 뭐야?"

일 때문에 제지공장을 찾은 송성문은 공장으로 들어선 트럭을 보고 놀랐어요. 트럭에 실린 폐지는 한눈에 봐도 오래된 고문헌들이 분명하였어요.

'훈민정음이나 금속활자본이 저렇게 되면 어떻게 하지?'

순간 그는 고문헌을 수집해야 하겠다는 마음을 먹었어요. 유물을 사려면 큰돈이 필요하지만 1976년 낸 『성문종합영어』라는 영어 참고서가 잘 팔려 용기를 낸 것이에요.

그는 작은 것부터 시작하였어요. '왕지'라는 옛 문서로 임금이 관리에게 준 임명장이에요. 왕지는 뒤에 중국에서 쓰지 못하게 하여 교지로 바뀌었으니 희귀한 고문서예요. 이후 차츰 보물급 고문헌을 구매하게 되었고, 집 몇 채 값을 고서적 하나에 투자하기도 하였어요. 특히 1980년대 후반 수집한 『초조본 대보적경』은 고려 현종 때(재위 1011~1031) 만든 초조대장경 중 하나예요.

송성문은 산 유물을 관리하는 데에 큰 정성을 쏟았어요. 보관을 위한 반닫이 장을 구매하였고, 좀이 슬지 않게 하려고 주기적으로 햇볕을 쐬어주었

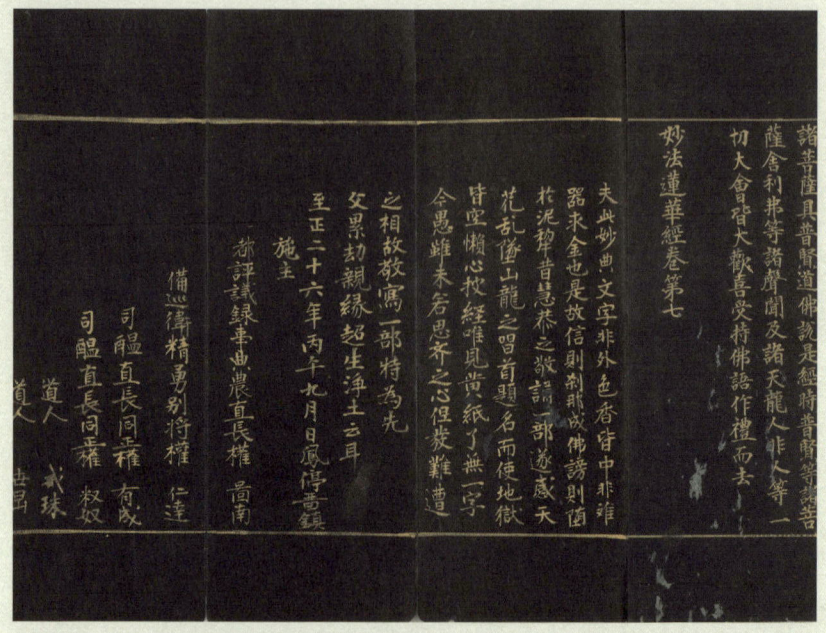

감지에 금물로 쓴 묘법연화경(국립중앙박물관 소장)
권도남 등이 죽은 아버지와 선조의 명복을 빌며 1366년(공민왕 15)에 봉정사에 봉안한 사경이다.
『묘법연화경<권제7>』을 감색 종이에 금물로 베껴 썼다. 가로 31.3cm, 세로 11.0cm. 보물 1138호.

어요. 그리고 자신이 산 유물은 꼭 보물이나 국보로 지정받을 수 있도록 노력하였어요. 그 결과 국보 4점, 보물 31점을 갖춘 대 수장가가 될 수 있었어요.

"통일이 되면 고향에 박물관을 세워야겠다."

100여 점이 모이자 송성문은 더 큰 꿈이 생겼어요. 6·25전쟁 때 단신으로 월남한 그는 평안도 정주가 고향이에요. 그리운 고향으로 돌아갈 수 있다면 가장 아끼는 것들로 박물관을 세우려고 꿈을 꾼 것이에요.

하지만 2003년 초 벼락같은 일이 생기고 말았어요. 건강검진에서 간암 말기 판정을 받은 것이에요. 길어야 몇 달밖에 살지 못할 거라는 의사의 말에 하늘이 무너지는 기분이었어요. 결국 그는 한 달여를 고민한 끝에 국립중앙박물관으로 전화를 걸었어요.

"제 유물을 기증하겠습니다."

그가 기증한 것은 101점으로 박물관 1년 예산으로는 한두 권밖에 구매할 수 없는 대단한 유물들이에요. 국립중앙박물관은 그해 10월 송성문의 기증 유물로 '빛나는 옛 책들' 테마전을 열어 그의 노고를 널리 알렸어요.

"고향에 박물관을 지으려는 꿈은 이룰 수 없게 되었지만 많은 분이 볼 수 있게 되어 기쁩니다."

송성문의 말이에요. 그는 암 판정을 받은 뒤 8년을 더 살다 2011년 9월 22일 세상을 떠났어요. 그가 남긴 대표적인 유물로는 『초조본 대보적경』(국보 246호), 『초조본 현양성교론』(국보 271호), 『묘법연화경』(보물 1081호) 등이 있어요.

教旨

제10장
조선 왕실의 어보
응답하라, 오바마!

세계기록문화유산 후보, 조선 왕실 어보

왕실의 권위를 상징하는 도장으로, 왕은 물론 왕비와 세자, 세자빈 등 왕실 가족은 누구나 만들었다. 특히 왕이 중요한 문서를 인정할 때 찍는 것은 국새라고 해서 오늘날까지 이어진다. 책봉이나 혼례 때 주로 만들어졌고, 시호나 존호 등을 붙일 때에도 제작되었는데, 왕과 왕비의 어보는 사후에 종묘에 모셔두고 종묘제례를 할 때 사용하였다.
위에 사진은 2014년 4월 오바마 미국 대통령의 한국 방문 시, 청와대에 인계되어 60년만에 고국의 품에 돌아오게 된, 국새 3점, 어보 1점과 왕실 인정 5점이다.

조선 왕실의 어보
조선 왕실의 보물이 사라졌다

"조선 왕실 도장 47점을 찾아주세요."

1953년 11월 17일 미국 볼티모어의 한 신문에 이상한 기사가 실렸어요. 6·25전쟁에 참전한 미군들이 조선 왕실 도장을 훔쳐갔다는 것이에요.

"도장의 행방을 제보해주시면 사례하겠습니다."

한국 대사의 인터뷰까지 실렸어요.

왕실 도장은 도자기나 불상과 같은 유물에 비하자면 보잘것없을지도 몰라요. 그러나 우리에게는 매우 소중한 유물이에요. 바로 나라를 상징하기 때문이지요. 하지만 단 한 건의 제보도 없었고, 단 한 점의 도장도 찾지 못하였어요. 왕실 도장이 나타난 것은 30여 년이 지난 뒤였어요.

조창수가 기증한 황제지보(국립고궁박물관 소장)
교명이나 교서에 사용했던 것으로 황제국임을 뜻한 국새.

1987년 미국 스미스소니언 자연사박물관에서 일하는 조창수는 한 경매 소식지를 보고 깜짝 놀랐어요. 어보 3점이 다른 한국 유물과 함께 경매에 나온다는 것이에요. 고종과 순종, 명성황후의 어보였어요. 어보는 왕족의 도장을 말해요.

조창수는 소장자를 찾아갔어요. 80세가 넘은 노파였어요.

"이것을 어떻게 소장하게 되었나요?"

조창수의 질문에 노파는 흠칫 놀라더니 이내 반색을 하고 대답했어요.

"남편이 서울에서 25달러에 샀대요."

남편은 6·25전쟁 때 참전하였으며 몇 해 전에 사망하였다고 하였어요.

도난품인 듯 보이지만 증명할 길이 없으니 조창수는 돌아왔어요. 집에 와 잠을 청하였지만 어보들이 머릿속에서 떠나지 않았어요. '한국으로 돌아가고 싶다.'고 말하는 듯 더욱 뚜렷하게 보였어요.

조창수는 교포들을 찾아가 자신의 뜻을 전하고 모금 운동을 벌였어요. 음악회도 열고 자선행사도 벌인 끝에 웬만큼 돈이 마련되자 다시 소장자를 찾아갔어요.

"한국에게는 매우 소중한 문화재이니 경매에 내시면 안 됩니다. 제게 파세요."

만족할 만한 돈은 아니었지만, 노파는 순순히 유물을 내놓았고, 조창수는 그해 6월 국립중앙박물관에 기증하였어요.

인물 소개

조창수(1925~2009)
40년 넘게 스미스소니언 자연사박물관에서 일하며 박물관 내에 한국관을 개설하게 하였다. 여러 차례 한국 유물 전시회도 기획하였고, 외국에서 일하면서도 한국 문화를 널리 알리려고 노력했다. 2009년에 박물관에서 퇴직할 때에는 아시아 문화 발전 기금으로 써달라며 자신의 집을 박물관에 기증하였다.

미군의 한국 문화재 약탈 조사보고서
아델리아 홀 레코드의 비밀

　진실은 반드시 밝혀진다고 하지요. 2007년경 또 다른 어보가 미국 로스엔젤리스 카운티 미술관에서 발견되었어요. 박물관 측에서는 '2000년 경매를 통하여 산 것'이라고 밝혔지만 문정왕후 어보이니 도난품이 확실해요. 조선 왕실 도장이 한국에서 거래된 적이 없는데 미국에서 갑자기 나타날 리가 없잖아요.

　문화재 제자리 찾기 운동을 벌이는 혜문 스님은 즉시 반환 요청서를 보냈어요. 그러나 정당하게 구매한 것이라는 게 미술관 측의 답변이었어요. 혜문 스님은 증거를 찾아 나섰어요.

　그로부터 2년여가 흐른 어느 날 그는 뉴욕의 한 공립 도서관에서 마이크로필름을 들여다보다 으앗, 하고 벌떡 일어섰어요. '아델리아 홀 레코

드', 6·25전쟁 때 미군들이 한국에서 훔쳐간 문화재를 조사한 기록이었어요. 그는 원본이 있는 메릴랜드 국가기록보존소로 달려갔어요.

"뭐야? 왕실 도장뿐만이 아니잖아?"

아델리아 홀 레코드에는 수십 가지 유물이 적혀 있었어요. '명성왕후의 표범 양탄자와 삼인검 등은 한국으로 반환하였다.'라는 내용도 있었어요.

"아델리아, 감사합니다!"

혜문 스님은 50여 년 전 그 기록을 남긴 미 국무부 관리에게 경의를 표하였어요. 어보뿐 아니라 더 많은 우리 문화재를 찾을 수 있는 자료였기 때문이에요.

혜문 스님은 레코드를 복사하여 미술관으로 보냈어요. 그러나 미술관 측에서는 '확실한 증거라고 볼 수 없다.'라는 답변을 보내왔어요. 계속된 어이없는 답변에 스님은 미술관을 직접 찾아갔어요. 마침 미술관은 한국 유물들을 전시하기 위해 공사하고 있었어요.

"이것 때문에 오셨지요?"

혜문 스님이 들어서자 한 직원이 문정왕후의 어보를 가져왔어요. 본래는 유리관 속에 있었으나 공사 중이라서 밖에 있던 것을 보여준 것이에요. 일행과 어보를 찬찬히 살펴보던 혜문 스님은 어보 측면에 무엇인가 적힌 것을 보았어요.

"여기 있다, 찾았다!"

'六室大王大妃(육실대왕대비)'라는 한자였어요.

"이것이 바로 도난품이라는 증거입니다. 육실은 종묘의 여섯 번째 방이라는 뜻으로 이 어보가 놓여있었던 곳입니다."

종묘는 역대 왕과 왕비에게 제사를 지내는 곳이에요. 혜문 스님은 미술관 측에 글자를 보여주며 도난품이 확실하다며 설명하였어요.

"지금은 공사 중이니 검토하고 연락드리겠습니다."

미술관 측에서 밝힌 내용이에요.

또 다른 어보가 나타났다!
오바마 대통령이 가져온 것은?

　확실한 증거를 확보한 혜문 스님은 반환 운동을 적극적으로 펼치기로 하였어요. 때마침 미국 백악관 홈페이지에는 10만 명이 서명하여 문의하면 대통령이 동영상을 통해 답변하는 제도가 있었어요. 혜문 스님은 그 프로그램을 이용하기로 하고 한국과 미국에서 10만 명 서명받기에 들어갔어요. 또한 문화재 반환 운동을 "응답하라, 오바마!"라고 이름 붙였어요.

　하지만 10만 명을 채우기란 쉽지 않은 일이었어요. 먼저 백악관 홈페이지에 회원으로 가입해야 하고 질문에 답도 해야 하는데, 모든 과정이 영어로 되어있어서 익숙하지 않은 사람들이 참여하기 어려웠던 것이에요. 그러던 중 2013년 9월 미술관 측에서 연락이 왔어요.

　"검토한 결과 문정왕후 어보를 한국에 반환하기로 하였습니다."

혜문 스님과 문화재 제자리 찾기 회원들은 비로소 환하게 웃을 수 있었어요.

그런데 뜻밖의 일이 일어났어요. 2013년 11월 미국 샌디에이고에서 조선 왕실 어보 등 유물 9점이 나타난 것이에요. 미국 국토안전부에서는 소유자를 찾아갔어요.

"도난품이라면 소유권을 포기하겠습니다."

소유자는 양심적으로 말하였어요.

여기까지는 이상하지 않아요. 도난품을 되찾게 되었으니 기쁜 일이지요. 문제는 그 이듬해 일어났어요. 2014년 4월 오바마 대통령이 한국을 방문하면서 가져온 것은 문정왕후 어보가 아니라 바로 샌디에이고에서 압수한 것이었어요.

"문정왕후 어보는 왜 빠졌지?"

혜문 스님과 문화재 제자리 찾기 회원들은 궁금해하였어요. 미술관에 문의하였더니 뜻밖의 답변이 돌아왔어요.

"수사국에서 압수해갔습니다."

알고 보니 우리나라 정부에서 문정왕후 어보를 도난품이라며 미국 당국에 수사를 요청하여 압수하였다는 것이었어요.

"이럴 수가!"

혜문 스님은 말문이 막혔어요. 이미 돌려받기로 되어있어서 오바마 대통령이 한국을 방문할 때 가져올 것으로 믿었는데……. 몇 년간 어보 반환을 위하여 뛰어다녔던 노력이 주마등처럼 머릿속을 스쳐 지나갔어요.

혜문 스님은 힘겨웠지만, 다시 어보 반환 운동에 나섰어요. 인사동 등지에서 4,000여 명의 국민에게 서명을 받아 미국 대사관에 전달하였고, 보신각에서 뜻있는 사람들과 함께 문화재 반환 기원 타종식도 가졌어요.

중종계비 문정왕후 상존호 금보

"진실은 상상할 수 없는 힘을 발휘합니다. 혼이 담긴 달걀은 바위를 깰 수 있지요."

혜문 스님의 말이에요.

혜문 스님의 말이 씨앗이 되었을까요. 2017년 미 대통령과의 회담에서 문정왕후 어보를 현종 어보와 함께 돌려받았습니다. 10년 가까운 시간 동안 어보를 되찾으려고 애쓴 '문화재 제자리 찾기' 시민운동가들의 노력이 열매를 맺는 순간이었습니다. 미국 월스트리트저널은 이번 환수가 "문화재 환수를 위해 나선 한국 시민단체의 승리"라고 평가했어요.

외교관 역할을 하던 덕종의 도장
시애틀에서 날아온 어보

2014년 4월, 오바마 대통령이 가져온 것은 어보가 4점이고 나머지는 조선 24대 왕 헌종의 개인 도장이에요. 헌종의 도장들은 책이나 그림을 본 뒤에 기념으로 찍었던 것으로 어보는 아니에요.

그런데 2015년 4월 1일 또 한 점 덕종 어보가 우리나라로 돌아왔어요. 덕종은 세조의 맏아들로 20세에 요절하여 왕위에 오르지 못한 비운의 왕자예요. 그의 아들이 성종 임금에 오르자 덕종으로 추증되었고, 1471년에 이 어보를 만들었어요.

덕종 어보는 1962년 한 미국인이 구매해 이듬해 시애틀 미술관에 기증하였고, 2014년 한국 정부가 반환을 요청하자 응답한 것이에요. 오랫동안 존재 여부조차 알려지지 않았지만, 오바마 대통령까지 어보를 들고 방

덕종 어보

한하니 반환하기로 한 것이에요.

"시애틀에서 이 어보는 한국 대사였고, 한국 문화의 상징이었습니다. 50여 년간 이 어보는 적어도 시애틀에서만큼은 행복했어요."

기증식에 참석한 프랭크 베일리의 말이에요. 그의 외할머니 토머스 스팀슨이 바로 시애틀 미술관에 기증하였어요.

한 가지 흐뭇한 것은 프랭크가 2008년 어보의 매듭을 자비로 만든 일이에요. 본래 매듭이 있었다는 사실을 안 그는 국내 무형문화재 매듭장에게 제작을 의뢰하여 붙였어요. 덕종 어보를 누가 훔쳐갔었는지는 모르지만, 프랭크가 그 도둑의 죄를 조금이나마 대신 갚은 느낌이에요.

덕종 어보는 모두 3점으로 1943년까지는 종묘에 있었어요. 그의 부인인 소혜왕후 어보 5점과 함께 있었지요. 이들 부부의 어보 8점 중 1점이 돌아왔으니 나머지 7점을 찾으면 되지요.

조선 시대 어보는 360여 점이 만들어졌는데, 그중 국내에는 323점이 있고, 30여 점이 미국 혹은 다른 곳에 유출되어있어요. 사라지지 않았다면 언젠가는 제자리로 돌아오겠지요. 아니 찾아야 해요. 유출된 문화재가 제 발로 돌아올 리는 없으니까요.

더 깊이 생각해봅시다

❶ 혜문 스님이 발견한, 미국 국무부 문서 '아델리아 홀 레코드'가 중요한 까닭은 무엇인가요?

❷ 미국 월스트리트저널은 반세기 만에 돌아온 문정왕후 어보가 "문화재 환수를 위해 나선 한국 시민단체의 승리"라고 평가했습니다. 이렇게 평가한 이유를 생각해봅시다.

❸ 혜문 스님이 대표로 있는 시민단체 '문화재 제자리 찾기'와 같이 우리 문화재 환수를 위해 노력하는 단체를 찾아보고, 그 단체에서 되찾기 위해 노력하는 문화재가 무엇인지 알아봅시다.

부록

136년 만에 돌아온 어재연 장군기

"아니, 그것이 왜 미국 해군사관학교에 있지?"

포항 한동대학교 토머스 듀버네이 교수는 1995년 신미양요를 연구하다 깜짝 놀랐어요. 미국이 빼앗아간 조선의 장군기가 해사 박물관에 소장되어 있다는 것이에요. 바로 어재연(1823~1871)의 장군기예요. 조선은 국기가 없었기에 장군기는 곧 국기와도 같아요.

그는 얼마 뒤 그 기를 찾아 미국 메릴랜드로 건너갔어요. 박물관 관계자의 안내로 겨우 찾았으나 또 한 번 놀랐어요. 장군기는 마치 포로처럼 둘둘 말려서 수장고 구석에 처박혀 있었어요.

그는 즉시 클린턴 미국 대통령에게 조선의 장군기를 반환하라고 편지를 보냈어요. 또 카터 전 대통령에게도 편지를 보냈어요. 그러나 답변은 한결같았어요.

"미 해군의 용기를 상징하는 전리품이니 돌려줄 수 없습니다."

토머스 교수는 그러나 그렇게 생각하지 않았어요.

"한국과 미국은 우방국입니다. 그 깃발이 미 해군의 용기를 상징할 수도 있지만, 그보다 중요한 것은 그 깃발 아래에서 전사한 조선 병사들의 용기도

콜로라도 함상의 수자기

상징합니다."

그런 편지를 클린턴의 후임 부시 대통령에게 보냈어요.

그의 노력은 한국 문화재청에도 알려졌고, 2007년 10월 마침내 임대 형식으로 한국으로 돌아오게 되었어요.

그런데 놀라운 것은 이 유물이 북한으로 갈 수도 있었다는 점이에요. 미국의 한 상원의원이 1968년 납북된 미 해군 함정과 어재연 장군기를 맞교환하자는 의견을 미 국무부에 냈어요. 그러나 미 국무부의 거절로 이루어지지 않았어요.

어재연 장군기의 크기는 가로 4.15m, 세로 4.35m이고, 장수를 뜻하는 한자 '帥(수)' 자가 쓰인 깃발이에요. 당시 기록에 따르면 1871년 4월 24일 강화도 광성포대에서 전투가 벌어져 조선군은 전멸하였고, 여러 조선 대포와 함께 장군기를 가져왔다고 기록되어있어요. 그런데 이 장군기를 빼앗기지 않으려고 조선 병사 네댓 명이 자신의 몸을 깃발에 꽁꽁 묶고 있었다고 전해져요.

135년 만에 귀환한 장군기는 강화도 역사박물관과 서울 용산의 전쟁기념관 등에서 전시되었으며, 그 뒤 원본은 국립고궁박물관에서 보관하고 있어요. 우리 문화재를 지키고 찾으려는 외국인도 많다는 사실, 기억하세요.